BRINCANDO COM O SEU
CÃO

50 jogos para divertir
você e o seu amigo fiel

BRINCANDO COM O SEU CÃO

50 jogos para divertir você e o seu amigo fiel

Suellen Dainty

PREFÁCIO
Janet Tobiassen, veterinária

TRADUÇÃO
Denise de C. Rocha Delela

TRADUÇÃO TÉCNICA
Sam Gottlieb,
adestrador e juiz de provas de Agility

Editora
Pensamento
SÃO PAULO

Título original: *50 Games to Play with Your Dog.*

Copyright © 2007 Ivy Press Limited.

Publicado originalmente em 2007 por T.F.H. Publications, Third and Union Avenues Neptune City, NJ 07753, US.

Todos os direitos reservados. Nenhuma parte deste livro pode ser reproduzida ou usada de qualquer forma ou por qualquer meio, eletrônico ou mecânico, inclusive fotocópias, gravações ou sistema de armazenamento em banco de dados, sem permissão por escrito, exceto nos casos de trechos curtos citados em resenhas críticas ou artigos de revistas.

Este livro foi publicado com a intenção de proporcionar informações especializadas com relação ao assunto em questão. Embora tenham sido tomadas todas as precauções necessárias na preparação deste livro, o autor e o editor não podem ser considerados responsáveis por qualquer incorreção, omissão ou efeito adverso que possa resultar do uso ou aplicação da informação aqui contida. As técnicas e sugestões são colocadas em prática segundo o critério do leitor e não são substitutos para a visita ao veterinário. Se você suspeita de algum problema médico, consulte um veterinário da sua confiança.

A Editora Pensamento gostaria de agradecer ao adestrador e juiz de provas de Agility Sam Gottlieb, pela revisão técnica.

Este livro foi concebido, projetado e produzido pela iBall, uma marca da Ivy Press.

The Old Candlemarkers, West Street, Lewes, East Sussex, BN7 2NZ, UK.

Diretor criativo Peter Bridgewater
Diretora editorial Caroline Earle
Diretora de arte Sarah Howerd
Designer Ginny Zeal
Ilustradora Joanna Kerr

Publisher Jason Hook
Editora de projetos senior Dominique Page
Designers de projetos Kevin Knight e Suzie Johanson
Fotógrafo Nick Ridley

O autor e editor original gostariam de agradecer pela permissão para a publicação das seguintes fotos:
© A. Inden/zefa/Corbis, página 110;
© Jupiter Images, página 111 (topo);
© Waltraud Ingeri/Stockphoto, página 112;
© Lawrence Manning/Corbis, página 113;
© Getty Images, página 114;
© Index Stock Imagery/Photolibrary, página 115 (topo)
Imagem da capa: Calvey Taylor-Haw.

Dados Internacionais de Catalogação na Publicação (CIP)
(Câmara Brasileira do Livro, SP, Brasil)

> Dainty, Suellen
> Brincando com o seu cão : 50 jogos para divertir você e o seu amigo fiel / Suellen Dainty ; prefácio Janet Tobiassen ; tradução Denise de C. Rocha Delela ; tradução técnica Sam Gottlieb. — São Paulo: Pensamento, 2009.
>
> Título original: 50 games to play with your dog.
> ISBN 978-85-315-1605-4
>
> 1. Jogos para cães I. Tobiassen, Janet. II. Título.
>
> 09-10594   CDD-636.7

Índices para catálogo sistemático:
1. Jogos para cães   636.7

O primeiro número à esquerda indica a edição, ou reedição, desta obra. A primeira dezena à direita indica o ano em que esta edição, ou reedição, foi publicada.

Edição
2-3-4-5-6-7-8-9-10-11

Ano
11-12-13-14-15-16-17-18

Direitos de tradução para o Brasil
adquiridos com exclusividade pela
EDITORA PENSAMENTO-CULTRIX LTDA.
Rua Dr. Mário Vicente, 368 — 04270-000 — São Paulo, SP
Fone: 2066-9000 — Fax: 2066-9008
E-mail: pensamento@cultrix.com.br
http://www.pensamento-cultrix.com.br
que se reserva a propriedade literária desta tradução.

Sumário

PREFÁCIO 6
INTRODUÇÃO 8
O ABECÊ DOS JOGOS 10
 Como seu cão aprende 12
 A escolha do jogo certo 14
 Senta! Fica! Deita! 16
 Brincando com segurança 18

JOGOS DE BUSCAR OBJETOS 20
 Devolvendo a quem arremessou 22
 Vamos brincar de novo? 24
 Vá buscar! 26
 O cão mensageiro 28
 Passeios! 30
 "Dá!" 32

ENCONTRANDO SOLUÇÕES 34
 Entrega expressa 36
 O tesouro enterrado 38
 Guincha, Porquinho! 40
 Encontre o brinquedo! 42
 Rastro de petisco 44
 Rola a bola 46
 Esconde-esconde 48
 Farejando um rastro 50
 Trançando as pernas 52

TRAVESSURAS E GOSTOSURAS 54
 De barriga para cima 56
 Fingindo-se de morto 58
 Alongando as costas 60
 Dando a pata 62
 Recolhendo a bagunça 64
 Pegue o petisco 66
 Sobe! 68
 Beijos e abraços 70
 Converse comigo 72
 Dança canina 74
 Toca aqui! 76
 Cão tímido 78
 Boa-noite! 80

OS DESAFIOS DO AGILITY 82
 Como montar um percurso de
  agility no seu quintal 84
 Salto inicial 86
 Obstáculos 88
 Através do arco 90
 Para trás e em círculos 92
 Através do túnel 94
 Slalom 96
 Drible perfeito 98
 Com as patas na mesa 100
 Corrida contra o relógio 102
 Agility em grupo 104
 Tornando-se profissionais 106

EXERCITE-SE COM O SEU CÃO 108
 Caminhando juntos 110
 Corrida e ciclismo 112
 Caminhadas em meio à natureza e
  acampamentos 114
 Frisbee divertido 116
 Cabo de guerra 118
 Voleibol canino 120
 Beisebol canino 122
 Jogos de futebol 124

Índice 126
Agradecimentos 128

Prefácio

Os cães sempre foram uma parte importante da minha vida. Desde pequena, eu frequentava escolas infantis de adestramento para cães, onde eu os treinava e participava de exposições, além de estudar anatomia, principais cuidados e fundamentos de banho e tosa. Quando eu visitava asilos, num programa de terapia com cães, testemunhei muitas vezes o poder do vínculo entre seres humanos e animais. Pacientes incapazes de falar ou interagir com outras pessoas passavam a comunicar uma ampla gama de emoções logo que eu trazia meus cães e meu gato para visitá-los.

Foi depois de um acidente de carro que eu mais uma vez constatei o quanto os animais de estimação são preciosos na minha vida. Passei a andar com muita dificuldade e o meu médico me alertou que talvez eu mancasse para sempre. Os meus cães, porém, não me deixaram esquecer as suas caminhadas diárias, independentemente de como eu me sentia. O médico ficou surpreso com o meu progresso – não manquei mais. Eu provavelmente teria desistido sem o estímulo dos meus animais. Embora já tenham se passado muitos anos, ainda agradeço todos os dias pelos cães que fizeram parte da minha vida.

Como sou apaixonada por cães e procuro sempre me manter em forma, adorei ler *Brincando com o seu Cão*. No nosso dia a dia agitado, é fácil andarmos por aí no piloto automático, sem prestar muita atenção nos nossos animais de estimação e na nossa família. Muitas vezes sacrificamos o nosso tempo com eles para concluir projetos de trabalho ou cumprir a nossa agenda. Este livro enfoca a boa comunicação e a companhia das pessoas que amamos – duas coisas muito apreciadas tanto pelos nossos companheiros caninos quanto pela nossa família. Ele oferece uma ampla seleção de jogos para animais (e pessoas) de todas as personalidades. Você pode estimular a criatividade de cães curiosos com os jogos Tesouro Enterrado e Esconde-esconde; encontrar maneiras de manter feliz o seu cão ativo com Passeios e Como Montar um Percurso de Agility no seu Quintal; e aproveitar a personalidade exibicionista do seu cão com Dança Canina e Boa-Noite. Esses jogos, e muitos outros, oferecem várias oportunidades para descobrir o que o seu cão realmente aprecia.

Para os novatos em adestramento, este livro oferece uma boa base sobre comportamento canino, além de apresentar várias técnicas de treinamento (recompensas e clicker). As fotografias são envolventes e as instruções passo a passo, muito fáceis de seguir. Os cães que ilustram todo o livro representam as mais variadas raças e tamanhos, e todos eles mostram explicitamente, em suas feições, que estão se divertindo com os jogos propostos.

Como veterinária, gostei principalmente das dicas e conselhos sobre segurança que o leitor precisa saber antes de iniciar um novo treinamento ou programa de exercícios. Levar em conta a idade, o tamanho e a agilidade do cão, como também do que ele gosta ou não gosta, é importante não só para o sucesso do treinamento como para garantir a sua diversão com os jogos.

Brincando com o seu Cão é o livro perfeito para quem adora cães. Eu já posso até imaginar o novo nível de comunicação que terei com os meus, tão logo comece a pôr em prática as Ideias quo ele apresenta. Leia-o. Ensine ao seu cão os jogos. E ele lhe agradecerá.

Janet Tobiassen, veterinária
About.com Guide
www.about.com

Introdução

Por que brincar com o seu cão? São várias as respostas, e talvez a mais óbvia seja também a mais convincente: porque vocês dois vão se divertir! No entanto, existem várias outras respostas que vale a pena mencionar aqui, pois brincar não é uma questão trivial para os cães — é importante para o bem-estar geral deles.

O cachorro é um dos poucos animais que brincam na idade adulta; normalmente os filhotes brincam para aprender técnicas de sobrevivência — então, quando amadurecem, trocam as brincadeiras pelos assuntos sérios de adultos, relacionados à sobrevivência no mundo selvagem. Mas, em algum momento ao longo do caminho, durante os milhares de anos de domesticação, os cães aprenderam a brincar na idade adulta — e um animal de estimação saudável, que recebe a estimulação adequada, muitas vezes continua brincando na velhice, se as brincadeiras forem condizentes com as suas habilidades e condicionamento físico.

Até um cão retraído valoriza a companhia humana e, se brincarmos com ele, estaremos mostrando que também valorizamos a sua amizade. Isso não é divertido só para o cão. Também nos assegura que estamos preparados para interagir com o animal, confirmando o seu papel como membro da equipe sob a nossa liderança. E os cães confiantes e seguros da sua posição na "matilha" familiar geralmente se comportam melhor fora da brincadeira e também dentro dela. Aumente tanto quanto possível (para você e para ele) o repertório de brincadeiras do seu cão; isso não só evitará o tédio como também estimulará as capacidades do animal. Isso não significa que você deva matricular um cão miniatura num percurso completo de agility, mas simplesmente que deve forçar um pouco os limites do que vocês dois estão acostumados, se o seu cão parecer pronto para isso. Esteja sempre atento aos sinais de que ele já se esforçou o bastante, seja mental ou fisicamente, e antes de tentar alguma coisa nova certifique-se de que está consciente das limitações físicas dele.

Muito se tem escrito sobre o papel do ser humano como "líder da matilha" e a importância de nunca deixar que o cão domine você. Essa é uma área complexa para a qual não há espaço de discussão aqui. Mas não fique tão obcecado com o papel de líder e disciplinador a ponto de não deixar que o seu cão brinque livremente. Pesquisas recentes mostram que os cães selvagens, que vivem em matilhas, são extremamente organizados e seus relacionamentos demonstram uma grande flexibilidade — o grupo tende a deixar que o indivíduo mais bem-adaptado a uma determinada tarefa fique encarregado dela. Uma rodada do energético jogo "Cabo de Guerra" não será suficiente para colocar em risco a sua autoridade, por isso não se preocupe muito com a possibilidade de estar comprometendo o seu papel de líder. Se houver de fato problemas de disciplina, eles provavelmente surgirão fora da brincadeira.

Por fim, qual é a diferença entre um jogo e um truque? Isso é algo que muitas pessoas me perguntam — às vezes pessoas que não gostam de ver os animais fazendo truques — e só existe uma resposta: um jogo é algo que o seu cão adora fazer e que dá a ele a oportunidade de interagir com você ou com outros cães. Contanto que o cão se divirta com o jogo, não importa se alguém de fora chamá-lo de truque (e isso certamente não fará nenhum mal a dignidade dele!).

O Abecê dos Jogos

Se você está com o seu cachorro desde que ele era filhote, é bem provável que vocês já brinquem desde o momento em que ele entrou na sua casa. O cão adulto, venha ele de um abrigo ou tenha outra procedência, pode demorar um pouquinho mais para assimilar as brincadeiras, mas é perfeitamente possível que você possa brincar com ele também. Mesmo que já brinque com o seu cão de maneira pouco estruturada, não pule este capítulo. Alguns dos jogos apresentados nos capítulos a seguir requerem que o seu cão conheça alguns pontos básicos e fáceis de aprender – e você pode ensiná-los a partir de já, caso ele não saiba. Só não deixe de ler as dicas de segurança antes de começar.

Como seu Cão Aprende

A maneira clássica de ensinar um cão utiliza petiscos. A maioria dos cães adora comer, por isso oferecer comida como recompensa é normalmente a melhor maneira de apresentar qualquer jogo que exija um aprendizado. (Como você vai descobrir, alguns jogos, a maioria do tipo que envolve atirar brinquedos e ir buscá-los, são tão instintivos para os cães que a parte do "aprendizado" nem é necessária — o próprio jogo é motivação suficiente.) As recompensas devem ser pequenas — você precisará de muitas delas no início — e especiais: pedacinhos de bifinho para cachorro, de frango ou de queijo, todos do tamanho da ponta do seu dedo mínimo, são os mais utilizados. Ofereça o petisco como recompensa e como incentivo: mostre-o ao cachorro para persuadi-lo e o ofereça tão logo ele exibir o comportamento que você sugerir. Às vezes você precisa recompensar uma mera tentativa, pois alguns jogos são mais difíceis e o cão ficará desmotivado se as suas melhores tentativas, embora mal-sucedidas, não forem recompensadas. Afague e elogie o seu cão, além de lhe dar o petisco; chegará o dia em que você não precisará mais oferecer petiscos, pois ele estará familiarizado com o jogo ou truque e bastará um elogio.

Quando estiver ensinando algo novo ao seu cão, é importante manter as sessões curtas e agradáveis. Não insista com um jogo que o seu cão obviamente não está apreciando; os jogos servem para diverti-lo. Seja coerente também. Se ele não tiver permissão para subir no sofá, não o deixe fazer isso durante a brincadeira, pois só irá confundi-lo. Nem tente forçá-lo a fazer nada que ele não se sinta à vontade para fazer: isso pode produzir resultados contrários ao que você espera e arruinar a confiança dele em você, coisa que não será fácil de recuperar.

Assim como as recompensas, pense na possibilidade de usar um *clicker*. Desenvolvido originalmente para treinar golfinhos, o clicker estimula o cão a se esforçar para fazer o que você quer. Se oferecer uma recompensa cada vez que o cão ouvir um clique, você pode indicar o comportamento que quer que ele repita. Por exemplo, se você quer ensinar o cão a se deitar, espere até que ele se deite, acione o clicker e depois dê a recompensa. Toda vez que ele se deitar, dê um clique e uma recompensa. O seu cão logo fará a associação e perceberá o que você quer que ele faça.

A Escolha do Jogo Certo

Vamos começar do princípio: você precisa conhecer o seu cão. Ninguém conhece o seu animal de estimação como você; não apenas o que é característico da raça dele ou do seu histórico pessoal, mas os seus gostos e aversões, seus medos e preferências. Há uma grande dose de generalizações no que diz respeito às raças caninas e muitas delas são verdadeiras: por exemplo, você pode ouvir dizer que os "collies são os cães mais inteligentes do mundo e adoram todo tipo de jogo" ou que "todos os terriers adoram cavar" — e isso pode ser verdade para a maioria dos collies e para a maioria dos terriers, e pode ser uma orientação útil se você não souber muito bem o que tentar primeiro quando quiser aumentar o repertório de brincadeiras do seu cão. No entanto, isso é basicamente como dizer que "todas as meninas gostam de brincar de boneca"; por isso as generalizações não devem deixar você cego para determinadas atividades que o membro canino da sua família mais gosta de praticar. Experimente todas as opções, mesmo aquelas que não seriam as mais recomendadas para a raça do seu cão; você pode descobrir que é o dono do primeiro basset campeão em agility ou de um pug farejador!

A brincadeira pode aumentar a autoconfiança de um cão tímido e ajudar um cão inseguro a se socializar, mas os jogos precisam ser do tipo certo — ou seja, reforçar os pontos fortes dele, em vez de realçar os pontos fracos. Não se deve deixar nenhum cachorro, especialmente os mais voluntariosos, transformar-se num maníaco por brincadeiras; por isso, reserve as brincadeiras para momentos especiais e acostume-se a convidar o seu cão para brincar, em vez de ceder constantemente aos seus apelos. Se o seu cão rosnar ou mordiscar você durante a brincadeira (e você

precisa saber diferenciar os avisos caninos mais graves e sérios dos meros latidos, ganidos e choramingos de entusiasmo), pare o jogo e guarde os brinquedos. Não castigue o cão; apenas interrompa a interação até que ele se acalme. Lembre-se da sua linguagem corporal quando estiver no meio do jogo. Não use a sua estatura para "crescer" sobre o animal; um cão jovem ou pequeno pode se sentir intimidado, e um cão grande e autoconfiante pode interpretar essa atitude como uma ameaça. Use o tom de voz para controlar a brincadeira: uma voz empolgada incitará o seu cão à ação, enquanto um tom de voz baixo e estável pode estimulá-lo a parar e pensar, principalmente quando está tentando aprender algo difícil.

Mesmo quando você já descobriu qual é o jogo favorito dele, tente ensinar mais um, dois ou três de vez em quando, para que a hora de brincar seja mais variada e empolgante para vocês dois.

Senta! Fica! Deita!

É provável que o seu cachorro já tenha aprendido esses três comandos simples. Eles são os componentes básicos de todos os jogos que você ensinará a ele, por isso é imprescindível que ele os compreenda claramente antes de começar. Se ele ainda não souber esses comandos, é hora de aprender.

Para ensinar o comando "Senta!", fique de frente para o cachorro com um petisco na mão. Erga o braço enquanto ele se aproxima de você. Quando ele levantar o focinho na direção do petisco, o quadril naturalmente se abaixará. Quando começar a se abaixar, diga "Senta!". Recompense-o tão logo o quadril encostar no chão. Depois que ele obedecer a todos os comandos "Senta", ensine o comando "Fica!". Coloque a guia no cachorro (assim será mais fácil), peça para que ele se sente e deixe que ele veja que você está segurando um petisco; então aos poucos

movimente-se para trás enquanto dá o comando "Fica!". Retroceda apenas alguns passos, segurando o petisco na frente do cão. Se ele começar a se levantar, faço-o se sentar novamente e comece outra vez. Tão logo ele ficar, nem que seja por um segundo ou dois, ofereça-lhe o petisco. Aos poucos, vá aumentando a distância entre você e ele, até que ele "fique" a uma boa distância de você. Para ensiná-lo a deitar, ajoelhe-se ao lado dele enquanto estiver sentado. Deixe-o farejar um petisco na sua mão e depois abaixe-a lentamente na frente dele. O cão começará a se abaixar e, à medida que ele fizer isso, dê o comando "Deita!". Continue movendo o petisco para a frente e para baixo; tão logo ele se deitar completamente, recompense-o e faça um elogio.

Ensine todos esses três comandos por apenas cinco minutos todos os dias — mas certifique-se de que seja todo dia — e você descobrirá que o seu cachorro logo pegará o jeito.

Brincando com Segurança

Os cães gostam tanto de brincar que nem sempre têm cautela. Isso se aplica primeiramente ao cão que está brincando: ele pode não parar para pensar se é seguro saltar de um certo ângulo, por exemplo, especialmente se está determinado a alcançar um brinquedo. No entanto, você também deve parar para pensar se é ou não confortável, ou mesmo perigoso, para o seu cão mover-se de uma certa maneira; por exemplo, cães de costas longas como os dachshunds não devem saltar muito alto nem se equilibrar nas patas de trás — eles podem machucar a coluna –, mas eles podem não saber disso, por isso é você quem deve se lembrar. Você precisa ser o monitor das brincadeiras do seu cão e julgar o que é seguro para ele e o que não é. Nas páginas a seguir, você encontrará algumas advertências com relação a certos jogos, mas existem certas questões que é preciso levar em conta ao selecionar as atividades apropriadas para o seu cão.

Toda raça tem os seus pontos fortes e seus pontos fracos: alguns cachorros grandes têm propensão para ter displasia no quadril e artrite; outras raças, para ter a coluna frágil, e outras ainda, como os cães de focinho mais achatado, como os pequineses e os pugs, para ter dificuldade respiratória. Os filhotes não devem se exercitar demais enquanto estão crescendo, por isso você talvez precise interromper a brincadeira antes que eles pensem em desistir. Cadelas com mais de cinco semanas de gravidez também não devem participar de brincadeiras muito vigorosas. Isso não significa que você não deva brincar com o seu cão, simplesmente que precisa estar consciente dos seus pontos fracos e fortes. Se estiver em dúvida quanto ao que é seguro, consulte um veterinário sobre os potenciais pontos fracos do seu cão. Cães idosos com certeza aprendem velhos truques, mas é melhor não exigir muito deles.

Fique de olho também no local da brincadeira e com o que vocês brincam. Certifique-se de que o ambiente seja seguro; se a brincadeira exigir que o cão se equilibre nas patas de trás, evite superfícies escorregadias e deixe sempre uma vasilha com água por perto. Convém evitar brincadeiras exaustivas até uma hora antes e uma hora depois da refeição ou nas horas mais quentes do dia. Por fim, verifique atentamente todos os objetos que você oferecer ao seu cão como brinquedo, certificando-se de que eles não tenham pontas afiadas, partes pequenas que possam ser engolidas ou mastigadas e superfícies pintadas ou tratadas quimicamente.

Esses cuidados bastam — agora é hora de se divertir com o seu cachorro!

Jogos de Buscar Objetos

O seu cão provavelmente já conhece os jogos básicos de buscar objetos e gosta muito deles — mas saiba agora como sofisticar uma brincadeira simples de arremesso e busca num conjunto completo de jogos. Se o seu cachorro não tem nenhum problema para buscar objetos, mas não gosta de soltá-los para que a brincadeira possa recomeçar, este capítulo mostrará como treiná-lo para abrir mão do seu precioso brinquedo. Se ele provar que tem talento, você pode até especificar para que pessoa da família você quer que ele leve o brinquedo. Você também pode aprender como transformar um cão destruidor de correspondências no seu mensageiro doméstico particular.

▶ UM A maioria dos cães começa a correr assim que um brinquedo ou uma bola é arremessada. Quando o seu cão começar a correr, diga "Busca!". Quando ele alcançar o seu objetivo e pegar a bola, elogie-o.

Devolvendo a Quem Arremessou

Os cães de algumas raças, como os labradores e os golden retrievers, parecem ter um talento nato para os jogos de buscar objetos. Nem todo cachorro terá tanta habilidade quanto eles, mas esse tipo de jogo é uma ótima maneira de dobrar a quantidade de exercícios que o seu cão faz (enquanto você fica simplesmente parado, arremessando!), por isso vale a pena persistir até que ele pegue o jeito. Se ele demorar muito para pegar a bola, encurte a sessão e passe para outro jogo; é importante que você nunca deixe o seu cão entediado enquanto estiverem brincando.

> **JOGOS DE BUSCAR OBJETOS NA ÁGUA**
>
> Os cães que gostam de água e de buscar objetos provavelmente ficarão excitadíssimos se você combinar as duas coisas. Brinque na praia ou à beira de um lago tranquilo, e arremesse o objeto com cuidado; não perturbe a vida selvagem nem os nadadores. Esse é um ótimo jogo para cães idosos, cujas articulações podem estar começando a ficar um pouco enrijecidas: nadar não sobrecarrega as articulações.

Jogos de Buscar Objetos | Devolvendo a Quem Arremessou

SEGURANÇA
Arremesse apenas objetos seguros para o seu cão. Se você tem um cão que adora buscar objetos, invista numa bola de um tamanho que ele possa abocanhar e num "arremessador" [*thrower*], um equipamento que projeta a bola muito mais longe do que você conseguiria apenas com a força do braço. Bolas e brinquedos pequenos ou gravetos são os exemplos clássicos, mas eles não são os objetos ideais para se arremessar; se o cão ficar muito agitado, ele pode sufocar com um objeto muito pequeno, e os gravetos podem espetar a boca do cão, caso ele o agarre com muita força.

▲ DOIS Tão logo o cão agarrar a bola, diga a ele "Vem!". Quando ele se virar na sua direção, incentive-o com entusiasmo. Se nesse ponto o cão se afastar de você, comece outra vez do arremesso inicial, para que ele comece a entender a sequência.

▶ TRÊS Quando o cão voltar até você, dê o comando "Senta!". Quando se sentar, ele pode deixar a bola cair da boca naturalmente; se não deixar, agache-se e ofereça um petisco em troca da bola. Tão logo ele largue a bola, não poupe elogios.

▶ **UM** Se você perceber que o seu cão está empolgado demais para devolver a bola ou brinquedo que você costuma arremessar, antes de começar, escolha dois brinquedos de que ele goste. Arremesse o primeiro e deixe que ele corra para buscá-lo.

Vamos Brincar de Novo?

Alguns cães gostam tanto de brincar de buscar objetos que ficam excitadíssimos e se recusam a devolver a bola ou brinquedo que acabaram de pegar. O jeito mais fácil de eliminar esse hábito sem acabar com a diversão é trocar objetos com ele. Isso também evita que ele fique obcecado com um único brinquedo e comece a compreender o princípio da troca; se ele souber que, devolvendo a você um objeto, pode ganhar algo até melhor, é provável que não fique muito possessivo com relação a objetos que considera "dele". Isso também ajuda se ele costuma pegar objetos que não deveria, como um sapato do seu par favorito. Se souber que vai ganhar em troca algo tão bom quanto o objeto roubado, ele o devolverá de bom grado.

O COMANDO "LARGA!"

Se o seu cão reluta em devolver os brinquedos, ensine a ele o comando "Larga!". Posicione a mão sob o focinho, enquanto ele segura a bola, então diga "Larga!", tirando a bola cuidadosamente da sua boca. Depois devolva a bola a ele, para que o cão saiba que não ficará sem o brinquedo só porque obedeceu.

Jogos de Buscar Objetos | Vamos Brincar de Novo?

▲ **DOIS** Enquanto o cão pega o primeiro brinquedo, chame-o para atrair a atenção dele e agite no ar o segundo brinquedo. A maioria dos cães corre em direção ao brinquedo; alguns soltam instantaneamente o primeiro para agarrar o segundo. Se o seu cão não fizer nenhuma dessas duas coisas, siga a orientação três, à esquerda.

▶ **TRÊS** Tão logo o cão devolver o primeiro brinquedo, arremesse o segundo. Enquanto ele vai buscá-lo, apanhe o primeiro brinquedo e, quando ele voltar até você, repita a sequência.

Vá Buscar!

Os cães podem aprender a conhecer pelo nome um número surpreendente de objetos. Depois que você ensinou o seu cão a reconhecer nomes, pode combinar essa nova habilidade com os jogos de buscar objetos, para que ele possa buscar diferentes itens de uma seleção. Só comece a ensiná-lo a diferenciar objetos depois que ele aprendeu a buscá-los. Então use um clicker para ajudá-lo a reconhecer objetos específicos. Comece com um brinquedo que estiver por perto, estimulando-o a encostar o focinho nele enquanto você diz o nome do objeto com empolgação; quando o cão se voltar para o objeto faça um clique e recompense-o. Repita o nome que você deu ao objeto sempre que o cão encostar o focinho nele. Quando tiver certeza de que ele entendeu, você pode usar mais objetos da mesma maneira.

◀ **UM** Quando o cão tiver aprendido o nome de dois ou três objetos (por meio das orientações acima), alinhe os favoritos e diga o nome de um deles: "Pega a bola!". Ele pode pegar o brinquedo errado algumas vezes antes de pegar o certo. Continue repetindo o nome do brinquedo.

▶ **DOIS** Quando ele pegar o brinquedo certo, faça um clique e recompense-o com um petisco e muitos elogios. Dê um passo para trás e peça que ele traga o brinquedo até você: "Vem!".

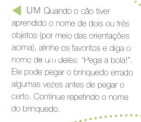

26

Jogos de Buscar Objetos | Vá Buscar!

▲ TRÊS Quando ele se voltar na sua direção com o brinquedo na boca, não poupe elogios e recompense-o assim que ele lhe devolver o objeto. Deixe que ele brinque um pouco com seu prêmio, para mostrar que coisas boas acontecem quando ele dá a resposta certa.

NÃO COMPLIQUE

Quando estiver jogando "Vá Buscar!", deixe o brinquedo que deve ser identificado dentro do campo de visão do animal. Se em qualquer momento ele parecer confuso, volte aos fundamentos básicos e comece do início outra vez: não lhe dê instruções ainda mais complicadas.

▼ **DOIS** Pode ser preciso várias tentativas, mas não deixe de estimular o cão e apontar para o jornal. Quando ele, por fim, pegá-lo, dê o comando "Vem!".

▲ **UM** Deixe o jornal por perto, num local onde o cão possa vê-lo facilmente. Você pode deixá-lo diante da porta da frente, para que o cão possa se acostumar a pegar o jornal todos os dias de sobre o capacho da entrada. Dê o comando "Busca o jornal!" e aponte para o jornal.

O Cão Mensageiro

Depois que o seu cão já souber buscar objetos e identificá-los, trazendo-os até você, você pode variar um pouco mais os jogos. Ensine-o a trazer o jornal ou a correspondência, pois esse é um truque útil para você e também divertido para ele. Se o interesse que o seu cão tem por carteiros ou entregadores não é tão "inofensivo" quanto você gostaria, dê a ele uma tarefa que ele vai adorar cumprir quando avistá-los; isso pode desestimulá-lo a latir ou recepcioná-los com outro tipo de comportamento indesejável.

Jogos de Buscar Objetos | O Cão Mensageiro

UMA TAREFA POR VEZ

Não ensine o seu cão a buscar o jornal ou a correspondência enquanto ele não souber os comandos "Busca!", "Vem!" e "Larga!". E não tenha receio de ensinar qualquer jogo desde o início outra vez, caso perceba que ele está confuso. Até mesmo lhe dar o comando "Senta!" pode ser um alívio se ele estiver desnorteado, pois seguir instruções que ele conhece bem fortalecerá a confiança dele tanto em você quanto em suas próprias capacidades.

▼ TRÊS Quando o seu cão lhe trouxer o jornal, diga "Larga!" e coloque a mão delicadamente embaixo do focinho dele para pegar o jornal. Agache-se e lhe faça um elogio. Recompense-o com um petisco ou com um brinquedo de que ele goste.

▼ UM Amarre a guia com um nó frouxo; assim será mais fácil para ele carregá-la. Se você pretende esconder a guia, para tornar o jogo mais desafiador, primeiro deixe o cão cheirá-la.

Passeios!

A maioria dos cães não precisa de muito estímulo para querer dar um passeio, mas você pode aumentar ainda mais a empolgação dele dando-lhe uma tarefa enquanto você se apronta. Você talvez precise pôr um casaco, um cachecol ou sapatos para sair. O seu cão, por outro lado, pode precisar apenas de uma guia. Mas você pode treiná-lo para ir buscar a guia e trazê-la até você. Enquanto ele está pensando no passeio, vai ser fácil atrair a atenção dele; para isso você pode usar o comando "Passear!" ou "Busca a guia!". Se o seu cão já conhece bem os jogos de buscar objetos, você pode variar um pouco a brincadeira escondendo a guia.

CADÊ?

Você pode ensinar o seu cão a buscar uma sequência de objetos antes de passear. Depois que ele trouxer a guia, pratique "Cadê meu cachecol?" ou "Cadê meu boné?" e observe o entusiasmo dele ir aumentando à medida que encontra cada objeto.

Jogos de Buscar Objetos | Passeios!

▲ **DOIS** Certifique-se de que o cão está vendo você e pendure a guia no lugar de sempre ou esconda-a num lugar facilmente acessível. Dê o comando "Passear!" enquanto aponta para a guia ou para o lugar onde ela está escondida. Repita a instrução num tom urgente até que o cão consiga encontrar a guia.

▶ **TRÊS** Se necessário, vá com o cão até onde está a guia, repetindo o comando "Passear!" enquanto lhe passa o objeto. Depois de algumas tentativas ele deve ser capaz de encontrá-la ou (farejá-la) por si mesmo. Não poupe elogios quando ele encontrá-la. Sempre leve o cão para dar uma volta imediatamente depois que ele trouxer a guia, pois assim ele saberá que será recompensado com um passeio sempre que lhe trouxer a guia.

"Dá!"

Este jogo requer que o seu cão já conheça bem o comando "Larga!"; caso ele não conheça, dê uma olhada rápida no quadro da página 24 antes de seguir adiante. O comando "Dá!" é um avanço com relação ao comando "Larga!": ele estimula o cão a lhe dar algo quando você estende a mão para ele. É sempre bom enfatizar que o seu cão nunca pode sentir que está perdendo algo ao obedecer à sua instrução; a obediência dele sempre deve lhe trazer algo de bom, como um elogio, um petisco ou uma simples troca por outro objeto (um truque em troca de um brinquedo, por exemplo). Quando pedir ao seu cão que lhe dê um objeto, fique atento ao seu tom de voz. Ele deve ser vivaz, animado e esperançoso; nunca agressivo ou ameaçador.

SURPREENDA-O

Se o seu cão não quiser lhe dar o objeto e começar a rosnar, não eleve a voz. Em vez disso, emita um som audível para lhe causar um impacto. Procure usar o elemento surpresa sem alarmá-lo e ele provavelmente lhe dará o objeto.

Jogos de Buscar Objetos | "Dá!"

◀ **UM** Se o seu cão tomou posse do brinquedo e está correndo ao seu redor com ele na boca, dê o comando "Vem!". Quando ele o trouxer até você, acalme-o um pouco — ou pedindo que ele se sente ou dizendo "Bom garoto!". O que você quer que ele faça em seguida é desistir do brinquedo sem ser coagido, simplesmente quando você estende a mão.

▼ **DOIS** Estenda a mão, enquanto dá o comando "Larga!", mas mantenha-a próxima ao brinquedo e não sob o focinho do cachorro. Dê o comando "Dá!" tranquilamente e depois, com delicadeza, puxe o brinquedo para que ele o solte. Se o cão puxá-lo de volta, não insista; apenas coloque a mão sob o brinquedo e repita o comando. Pode ser preciso algumas tentativas, mas tão logo ele largar o objeto não poupe elogios e lhe dê um petisco. Depois devolva-lhe o brinquedo.

Encontrando Soluções

Esconde-esconde sempre foi um dos jogos prediletos das crianças e aqui você vai aprender a versão canina. O seu cachorro vai apreciá-lo tanto quanto você. Cavar para encontrar um tesouro (na caixa de areia dele), correr para descobrir onde você se escondeu, perseguir um brinquedo que faz barulho ou farejar uma trilha, todos esses jogos exigem pouco raciocínio e muito entusiasmo. E, embora ele possa aprender esses jogos atraído por um petisco, tão logo consiga encontrar o que procura com as suas próprias deduções vai se sentir suficientemente recompensado para querer repetir a brincadeira.

▶ **UM** Comece o jogo familiarizando o seu cão com o que você espera dele. Peça que um membro da família vá para outro cômodo e então pergunte ao cão "Cadê João?" Enquanto pergunta, peça para que João o chame do outro cômodo e lhe dê um petisco quando ele correr para encontrá-lo. Quando ele estiver confiante a ponto de encontrar João mesmo sem ser chamado, é hora de lhe dar uma carta para que a entregue. Segure a carta e diga novamente, "Cadê João?"

Entrega Expressa

Este jogo ensinará o seu cão a entregar bilhetes, cartas ou pequenos objetos a qualquer pessoa na casa. Faça com que os objetos a serem entregues sejam fáceis de carregar e comece dizendo o nome de apenas uma pessoa. Só depois que o cão aprender a sequência acima (nunca antes), comece a introduzir o nome de outros membros da família. Por fim — e com uma boa dose de prática —, você terá convertido o seu animalzinho num mensageiro doméstico, que pode entregar correspondências a todos os membros da família, em qualquer lugar da casa.

SEM MASTIGAR

As raças retrievers (que buscam a caça) tendem a carregar os objetos com cuidado; elas são criadas para isso. Outros grupos, porém, como os terriers ou as raças miniatura, podem achar difícil não mastigar ou morder qualquer coisa que lhes deem para carregar. Talvez você ache necessário, portanto, acrescentar o comando "Não morda" a esses jogos.

Encontrando Soluções | Entrega Expressa

▲ DOIS Tão logo a carta estiver segura na boca do cão, peça para que João chame-o outra vez do outro cômodo. A princípio ele pode soltar a carta e correr para atender ao chamado. Se fizer isso, pegue a carta e lembre-o de levá-la com ele. Estenda a carta para ele e diga "Espera..." e então pergunte, "Cadê João?"

◀ TRÊS Quando o cão chegar com a carta, peça para João ficar de joelhos, estender a mão e dizer, "Dá!". Quando o cão entregar a carta, João deve lhe dar um petisco e fazer muitos elogios. Essa é uma sequência relativamente complexa, por isso talvez você precise tentar muitas vezes antes de ele conseguir. Tenha paciência e faça sessões curtas de treinamento.

O Tesouro Enterrado

A caixa de areia é um acréscimo muito bem-vindo ao repertório de brincadeiras de muitos cães. Ela é recebida com entusiasmo principalmente pelos cães que gostam de cavar, como a maioria das raças de terriers, e pelos que gostam de seguir rastros. A caixa de areia também pode ser uma boa solução caso o seu cão viva cavando os seus canteiros de flores: ela lhe proporcionará um lugar onde ele terá permissão para cavar e dar vazão aos seus instintos naturais. Se o seu cão já foi treinado para fazer as suas necessidades fisiológicas numa caixa de areia, talvez seja melhor você tentar outro tipo de jogo. Cubra a caixa quando você não estiver no quintal com o seu cachorro, pois ela pode ser como um ímã para os gatos da vizinhança; além disso, uma chuva inesperada pode deixar a areia molhada.

▲ UM No jogo anterior, o seu cão observava enquanto você escondia o brinquedo. Faça agora uma leve mudança: mostre a ele o brinquedo e depois vire-se ou corra para fora de casa, com a intenção de escondê-lo na caixa de areia.

▼ DOIS A primeira vez que enterrar o brinquedo, deixe uma ponta para fora. Corra com o cão até a caixa de areia e dê o comando "Procura o brinquedo!". Se ele não saltar para dentro da caixa e desenterrá-lo imediatamente, indique com a mão onde o brinquedo está.

A AREIA CERTA

Procure usar areia fina, própria para caixas de areia, em vez de areia grossa para construção. Esta última é áspera e abrasiva e pode arranhar a pele de um cão que goste muito de cavar.

Encontrando Soluções | O Tesouro Enterrado

◀ TRÊS Ele achou o brinquedo! Agora que o seu cão entendeu a brincadeira, você pode introduzir outros objetos e enterrá-los mais fundo na areia. Se ele souber o nome de vários brinquedos, enterre alguns e peça que ele lhe traga um, em particular.

SEGURANÇA
A caixa de areia do seu cão deve ser apenas dele; não deixe que nenhuma criança brinque ali. Assim como você faria com uma caixa de areia para crianças, verifique se não há lascas pontudas ou pregos protuberantes antes de deixar o seu cão brincar ali.

▶ QUATRO Quando o cão lhe trouxer o objeto, dê o comando "Dá!", como de costume, depois devolva-o a ele. Talvez você descubra que ele quer enterrá-lo novamente!

39

Guincha, Porquinho!

Os cães realmente adoram brinquedos que fazem barulho. "Guincha, porquinho, guincha!" é a brincadeira ideal quando está uma chuvarada lá fora e você tem dentro de casa a família toda reunida e um cão entediado, precisando de exercícios. Várias pessoas podem participar do jogo, pois o cão correrá de cômodo em cômodo, ansioso para encontrar a fonte do barulho. Experimente usar vários brinquedos com sons diferentes — as lojas de animais oferecem brinquedos que produzem uma grande variedade de ruídos, desde um som de uma buzina até o guincho de um rato.

◀ UM Um "jogador" atrai a atenção do cão com o brinquedo guinchador. Todos os outros participantes pegam um brinquedo e se escondem pelos vários cômodos da casa. Você pode se esconder atrás de um móvel ou até dentro de um armário, se quiser aumentar o grau de dificuldade. Então, todos fazem os brinquedos "guincharem" ao mesmo tempo, enquanto a pessoa que está com o cão dá o comando, "Procura!".

Encontrando Soluções | Guincha, Porquinho!

DOIS Na primeira vez que vocês brincarem, talvez você perceba que o seu cão precisa ser levado até a primeira pessoa da sequência, de modo que vocês a "encontrem" juntos. Depois disso, o seu cão provavelmente ficará ansioso para continuar sozinho.

TRÊS Quando ele encontrar outro jogador, essa pessoa deve elogiá-lo e lhe fazer afagos, oferecendo-lhe o brinquedo, se o cão quiser — embora ele possa estar ansioso demais para encontrar o jogador seguinte e não ligar para o brinquedo. Estimule-o a continuar até "encontrar" todos os brinquedos e jogadores.

41

▼ UM Pegue três caixas idênticas e coloque-as em fila no chão. Chame a atenção do seu cão, dê o comando "Senta!" e deixe que ele observe enquanto você esconde o brinquedo favorito dele embaixo de uma das caixas. Embaralhe as caixas e depois chame-o.

Encontre o Brinquedo!

Depois que o seu cão aprender o nome de vários objetos diferentes e conseguir identificar vários brinquedos individualmente, ele pode se divertir com o jogo "Encontre o Brinquedo". Você pode começar apenas com duas caixas, embora aqui sejam mostradas três. Nem todos os cães conseguem virar a caixa rapidamente, por isso você talvez tenha que dar uma mãozinha para que o seu identifique a caixa certa; dê a ele a chance de concluir o jogo, mas, se ele não fizer ideia de onde está o brinquedo, esteja preparado para continuar mostrando a ele. Quando o seu cão aprender o jogo, torne-o mais difícil, usando caixas que precisem ser abertas, em vez de simplesmente viradas para cima. Nunca deixe o seu cão ficar frustrado com o jogo; caso contrário, ele não tentará mais e será difícil convencê-lo a experimentar qualquer coisa nova.

BRINCADEIRA ESPECIAL

Faça com que o cão associe os ingredientes do jogo (como essas caixas) com o jogo e nada mais. Guarde as caixas quando não estiver brincando e mostre-as com ares de empolgação, para aumentar a expectativa dele.

Encontrando Soluções | Encontre o Brinquedo!

◀ DOIS Dê o comando "Encontre o brinquedo!". Pode ser preciso mais de uma tentativa para que ele o encontre. Se necessário, repita o comando enquanto dá uma batidinha com o dedo na caixa certa. Quando ele se voltar para a caixa, estimule-o a virá-la e encontrar o brinquedo sozinho.

◀ TRÊS Logo que o cão pegar o brinquedo, peça-lhe para trazê-lo e depois convide-o a dá-lo a você. Sempre devolva o brinquedo a ele.

43

Rastro de Petisco

A maioria dos cães encontrará um petisco rapidamente — e com muita animação —, caso você o esconda e indique a direção certa; o faro canino é forte o suficiente para levá-lo até onde ele está. Pedacinhos de frango cozido, rodelas de salsicha ou queijo são petiscos perfeitos para este jogo, que é simplesmente uma versão estendida e mais organizada do Encontre o Brinquedo! Como sempre, seja coerente com o que você espera do seu cão; se ele não tem permissão para subir no sofá, não esconda os petiscos ali. Escolha um cômodo em que você não se importe que ele ande e fareje à vontade para brincar de Rastro de Petisco.

▲ UM Deixe que o cão se acostume com a ideia de encontrar um petisco pelo faro, depois esconda-o a uma pequena distância. Mantenha-o preso numa guia se necessário, depois solte-o, dizendo "Procura!". Depois deixe-o observar enquanto você esconde o petisco num lugar que ele precise farejar — atrás de um vaso, talvez, ou num cesto. Repita "Procura!" quando ele encontrar o petisco.

◀▲ DOIS Depois de algumas sessões, acostume o cão a esperar enquanto você esconde dois ou três petiscos, antes de pedir que ele os encontre. É agora que a brincadeira realmente começa. Enquanto ele espera sentado do lado de fora do cômodo, esconda meia dúzia de petiscos em vários lugares diferentes. Depois deixe que ele entre no cômodo e fale animadamente, "Procura!".

▲ TRÊS Ele pode ficar confuso a princípio. Estará farejando vários petiscos ao mesmo tempo e não estava observando quando foram escondidos, por isso ajude-o a encontrá-los levando-o até o primeiro petisco. Depois deixe-o achar os demais sozinho (por meio do faro).

▶ QUATRO Depois que ele entender o jogo, você pode esconder os petiscos em lugares mais difíceis, estendendo a busca a mais de um cômodo ou até jogar ao ar livre.

▲ UM Sente-se ao lado do seu cão e role uma bola devagar para baixo de uma mesa ou cadeira baixa. Junte-se a ele enquanto procura a bola embaixo do móvel.

Rola a Bola

Embora seja óbvio para você que é preciso uma visão ampla para se descobrir qual a rota mais rápida até um objeto, isso não é óbvio para um filhote. Este jovem cão da raça saluki-whippet precisou de duas ou três tentativas antes de descobrir que o caminho mais prático para alcançar a bola não era necessariamente o mais curto. Esse é mais um exercício do que um jogo; como sempre, se você quer apresentar um desafio ao seu cão, não faça com que o exercício seja muito demorado ou frustrante da primeira vez. Prefira um móvel que lhe permita ver facilmente dos lados e embaixo. Você quer que o seu cachorro ache uma solução, não que desista.

▲ **DOIS** O olhar do seu cão seguirá o seu quando você olhar para a bola, e ele tentará se esgueirar por baixo da mesa depois disso, usando o trajeto mais curto até a bola.

▲ **TRÊS** Abaixe-se um pouco e olhe em volta do móvel em vez de embaixo dele. Instigado, o cão usará o cérebro e perceberá que pode contornar a mesa para chegar aonde quer. Agora que ele usou a cabeça, pode se divertir com a bola.

▲ **UM** O esconde-esconde é mais divertido quando você está ao ar livre, caminhando com um amigo. Peça a ele para se sentar ao lado do cão e distraí-lo, enquanto você se afasta e se esconde atrás de uma árvore ou arbusto. Escolha um esconderijo óbvio a princípio e não se afaste muito.

Esconde-esconde

Os cães adoram brincar de "Esconde-esconde" tanto quanto as pessoas, mas praticar um pouco dentro de casa antes de brincar ao ar livre ajudará o cão a captar rapidamente a ideia quando estiverem fora de casa. Para ajudá-lo a entender a brincadeira, coloque um petisco dentro de um copinho ou tigela de plástico e chame o cão de outro cômodo enquanto agita o copinho. Quando ele chegar para pegar o petisco, elogie-o calorosamente. Experimente fazer esse exercício pela casa, escondendo-se cada vez melhor, até que ele tenha que correr pela casa toda para encontrá-lo. Depois, comece a buscar esconderijos fora de casa. Quando o cão entender o princípio, você pode pedir que dois ou mais membros da família se encondam, para que ele os "descubra" um a um!

▲ **DOIS** Tão logo você se esconder, chame o cão enquanto agita o copinho com o petisco dentro. Ele correrá até você, estimulado pelo seu amigo. Quando ele o encontrar, você lhe dá o petisco e troca de lugar com o seu amigo, para que ele se esconda. Aos poucos você pode aperfeiçoar o jogo, escolhendo esconderijos mais difíceis, oferecendo a ele mais de um desafio.

Encontrando Soluções | Esconde-Esconde

▼ TRÊS Quando o cão aprender o jogo, pare de agitar o copinho e simplesmente o chame. Um grande abraço, quando ele o encontrar, bastará como recompensa.

Farejando um Rastro

Nenhum cão é velho ou jovem demais para esta brincadeira; até mesmo um cão idoso e com artrite pode se divertir seguindo um rastro no seu próprio ritmo, até descobrir sua recompensa no final. Como é de se esperar, os cães de caça (*hounds*) geralmente têm mais facilidade para seguir rastros, mas outras raças também apreciam essa brincadeira: pratique com o seu cachorro e ele logo vai pegar o jeito. Faça um "saquinho aromático" com biscoitos com essência de carne ou um pedaço de pano embebido em caldo de carne. Amarre um cordão na boca do saquinho, de modo que possa arrastá-lo pelo chão.

COMECE DE PEQUENO

Os filhotes já são capazes de seguir rastros em torno dos 3 meses de idade. Experimente deixar um rastro para ele que leve a uma vasilha de comida ou a um petisco.

▶ UM Enquanto o cão está dentro de casa, arraste o saquinho pelo piso do quintal, deixando um rastro para ele seguir. Não o arraste em linha reta; deixe um rastro sinuoso entre as árvores e sob a folhagem. No final do rastro, deixe um petisco de surpresa, para o cão encontrar.

Encontrando Soluções | Farejando um Rastro

◀ DOIS Leve o seu cão para fora e deixe que ele cheire os seus dedos. Não lhe dê o saquinho, pois ele tentará comer o conteúdo. Leve-o até o começo do rastro e estimule-o a começar aproximando a sua mão do chão. Quando ele baixar a cabeça, perceberá o rastro aromático.
Se parecer confuso, tente orientá-lo pelos primeiros metros levando-o pela guia e mostrando com os dedos o rastro deixado pelo saquinho.

▲ TRÊS Quando o cão passar a confiar mais no faro, deixe rastros mais complicados ou que serpenteiem por entre as árvores, para que vocês possam brincar juntos.

51

▲ UM Fique em pé com as pernas afastadas. Segure um petisco na mão esquerda. O cão precisa estar do seu lado esquerdo. Atraia-o para a frente da sua perna esquerda e estimule-o a passar entre as suas pernas passando o petisco para a mão direita. Agora leve-o a contornar a sua perna direita.

Trançando as Pernas

Este jogo é excelente para cães ativos, que adoram um desafio. Talvez não surpreenda o fato de que muitos dos especialistas nesta manobra de trançar as pernas ou na dança canina sejam border collies, uma raça famosa pela inteligência e agilidade. Este jogo não é para qualquer cachorro, mas a maioria das raças é capaz de aprendê-lo, caso o treinador seja paciente e coerente durante o aprendizado e não insista numa sessão caso o cão comece a ficar entediado. Você deve acrescentá-lo ao seu repertório apenas depois que o seu cão já tiver aprendido outros jogos e comandos, e se acostumado a treinar com você.

▲ TRÊS Pronto para "Trançar as pernas"? Este jogo requer prática, por isso treine sozinho antes de ensinar o cão. Quando ele estiver à sua esquerda, levante a perna direita. Lembre-se de sinalizar com mão para conduzi-lo por entre as suas pernas! Quando o seu pé esquerdo encostar no chão, erga a perna esquerda e estimule-o a rodear o seu lado esquerdo. Depois que ambos entenderem o movimento, tente andar devagar.

▲ DOIS De início, você pode usar o comando "Trança!" ou usar um clicker, mas, depois que o cão tiver aprendido o movimento, você pode esquecer o comando — e os petiscos — e usar apenas os sinais manuais. A princípio você precisará se abaixar para recompensá-lo, com o tempo você descobrirá que pode ficar ereto e, mesmo assim, ele seguirá os seus movimentos facilmente.

SIGA NO SEU RITMO

Este é um jogo que requer muita sintonia entre você e o seu cão; não é para novatos ou filhotes. Faça sessões breves, esteja ciente de que o cão levará um tempo para aprender e não deixe que ele fique entediado ou confuso. Quando vocês dois tiverem completo domínio desse jogo, terão aprendido um dos movimentos básicos da dança canina!

Travessuras e Gostosuras

O seu cachorro é um comediante nato — e você faz o possível para mantê-lo ocupado. Se esse é o seu caso, este capítulo é para você. Ele apresenta uma gama ampla de truques que os cães apaixonados por plateias vão adorar aprender. E o melhor de tudo é que eles provavelmente ganharão uma inesperada rodada de aplausos. Alguns truques são mais difíceis do que outros, e alguns são realmente complicados, mas a maioria dos cães pode aprender a dar a pata ou um abraço e um beijo; e aqueles que forem suficientemente espertos e persistentes para aprender "Cão Tímido" ou "Boa-Noite" terão para sempre um truque para apresentar em qualquer ocasião, com a garantia extra de ganhar muitos petiscos e elogios.

▲ **UM** Comece dando ao cão o comando "Deita!". Então ajoelhe-se ao lado dele e estenda a mão como se fosse lhe acariciar a barriga. Ele rolará de lado alegremente.

De Barriga para Cima

Muitos cães acham "Rola!" um comando muito fácil, mas antes de começar certifique-se de que o seu cão já conhece o comando "Deita!"; não tente ensiná-lo a rolar antes disso. Se ele estiver confuso com relação ao que você quer, não vai se esforçar para entender e isso pode prejudicar a sua confiança com respeito a comandos que ele já sabe. Se você está utilizando um clicker para ajudar o cão a aprender, você só deve fazer o clique e recompensá-lo quando ele já estiver rolando de volta para a posição original!

Travessuras e Gostosuras | De Barriga para Cima

SEGURANÇA
Cães de costas longas, como os whippets e os greyhounds, têm mais dificuldade para rolar do que outras raças, mais compactas. Não insista caso o cão pareça pouco à vontade.

◀ DOIS Depois que o cão deitar de lado, afague a barriga dele; em seguida mostre um petisco e, segurando-o sobre a orelha dele, circule o petisco devagar pela cabeça do cão; quando fizer isso, diga "Rola!". Alguns cães acham o movimento muito natural e pegam o jeito na mesma hora, enquanto outros precisam de várias tentativas. Recompense o cão mesmo que ele não faça o movimento completo da primeira vez, em seguida tente de novo.

▼ TRÊS Depois que ele rolar, peça ao cão para ficar em pé. Quando ele repetir o movimento com confiança, experimente o comando sem recompensá-lo com o petisco, usando apenas o sinal com a mão; recompense-o apenas no final da sessão.

▼ **UM** O cão pode iniciar em pé ou sentado, o que for mais natural. Comece agachando-se ao lado dele e dando o comando "Deita!".

▼ **DOIS** Tão logo ele deitar, dê o comando "Rola!". Mas — e aí vem a parte inteligente –, quando ele chegar à metade do movimento e estiver deitado de lado, diga "Espera!" e lhe ofereça um petisco. Quando ele ficar na posição deitada, experimente o comando "Morto".

Fingindo-se de Morto

Este comando encaixa-se melhor na categoria de truque do que de jogo, mas ninguém que já tenha visto um cão obedecendo-o e recebendo os merecidos elogios pode duvidar de que ele de fato se diverte muito. Embora este truque não seja muito difícil de ensinar, ele envolve um comportamento em sequência, por isso o cão já precisa conhecer os comandos "Deita!" e "Rola!". Quando o seu cão aprender a se fingir de morto, não espere que ele fique nessa posição por muito tempo, depois de ouvir as risadas e os aplausos da sua plateia admirada!

▼ TRÊS Depois que ele entender o truque — e isso certamente exigirá uma certa prática –, você poderá esquecer os primeiros dois comandos, pois ele simplesmente se deixará cair no chão assim que ouvir o comando "Morto!". Se você quiser (e não se importar de ser acusado de insensível), ao mesmo tempo você pode fazer com a mão o gesto de quem está disparando uma arma.

▶ **UM** O jeito mais fácil de ensinar este truque é esperar até que o seu cão comece a alongar as patas dianteiras naturalmente. Quando ele tiver feito isso, diga "Alonga!", depois elogie-o e recompense. Ele ficará surpreso a princípio, mas, depois que recompensá-lo várias vezes ao flagrá-lo na metade do alongamento, ele entenderá a ideia.

Alongando as Costas

Observe o seu cachorro em meio às atividades diárias e você vai reparar que ele tem o costume de alongar o corpo e esticar as patas da frente, quando acorda de um cochilo ou se prepara para uma atividade animada. Se você for rápido, pode flagrá-lo alongando-se naturalmente, dar um comando e recompensá-lo quando ele tiver concluído o movimento. Muitos cães gostam tanto dessa posição que aprendem o comando muito rápido. Se isso não acontecer, siga as instruções acima e ele logo pegará o jeito. Alongue-se na direção dele, quando der o comando, e observe-o retribuir o gesto educadamente.

Travessuras e Gostosuras | Alongando as Costas

SEGURANÇA
Este não é um bom truque para cães idosos e com artrite, ou para cães com problemas nas costas. Se o seu cão não tem o hábito de se alongar naturalmente, não o instigue a fazer esse movimento só por diversão.

▶ **DOIS** Da próxima vez que ele começar a alongar as costas, coloque um petisco bem no meio das suas patas. Ao mesmo tempo, empurre a barriga dele gentilmente para cima com uma mão e dê o comando "Alonga!". Os cães costumam aprender esse truque rapidamente e logo ele não precisará da sua ajuda, alongando-se simplesmente ao ouvir o comando.

▶ UM Preste atenção e você verá que o seu cão usa uma das patas com mais frequência do que a outra. Todos os cães têm um lado dominante; esse será o lado a partir do qual ele iniciará um movimento. Use esse lado para ensiná-lo. Comece dando o comando "Senta!".

Dando a Pata

A maioria dos cães aprende este truque naturalmente. Eles usam muito a pata quando brincam entre eles, e muitas vezes desenvolvem o hábito irritante de "chamar" os humanos com a pata quando querem atenção ou brincar. Se você estiver disposto a ensinar e o seu cão, a aprender, ensiná-lo a dar a pata pode ajudar você a controlar esse hábito em momentos indesejáveis. Se associar esse movimento com um comando específico, é menos provável que ele o faça quando não for solicitado.

▲ DOIS Sente-se na frente do cão e toque levemente o músculo do ombro da pata que você quer que ele erga. A pata dianteira se levantará um pouco automaticamente. Ele não precisará de muito estímulo para fazer isso, pois se trata de um comportamento natural para os cães.

Travessuras e Gostosuras | Dando a Pata

▼ **TRÊS** Quando ele erguer a pata, pegue-a na mão, balance-a delicadamente e diga "Dá a pata!". Apoie a pata sobre a sua mão, sem cobri-la, pois isso pode intimidar um cão nervoso ou jovem. Quando ele adquirir confiança ao fazer esse movimento, você pode dar o comando de pé diante dele.

DANDO TCHAU

Quando o seu cão aprender a dar a pata sozinho, você pode sofisticar a brincadeira, ensinando-o a dar tchau. Fique um pouco mais atrás quando ele erguer a pata. Ele sustentará a pata no ar e, quando fizer isso, você pode ensiná-lo o comando "Dá tchau!".

Recolhendo a Bagunça

Cansado de recolher a bagunça de todo mundo em casa? Então este pode ser um truque útil para você ensinar ao seu cão. Basta seguir as instruções para que pelo menos um membro da família passe a organizar a própria bagunça. Se o seu cão gosta de jogos com um ritmo rápido, então você pode complementar este jogo (depois que ele já tiver aprendido) com o "Basquete para Cães". Nessa variação simples, você rola uma bola para o cão e dá o comando "Recolhe!". Tão logo ele enterrar a bola na cesta, você joga outra. Alguns cães gostam tanto da brincadeira que você tem que se esforçar para não ficar para trás!

Travessuras e Gostosuras | Recolhendo a Bagunça

◀ UM Para ajudar o seu cão a aprender este jogo, você precisa preparar o cenário antes, deixando a cesta de brinquedos num lugar fixo e espalhando pelo cômodo os brinquedos que quer que ele recolha. Comece mostrando a ele um dos seus brinquedos favoritos e encorajando-o a levá-lo com você até a cesta de brinquedos.

▲ DOIS Dê o brinquedo a ele e incentive-o a pegá-lo com a boca. Segurando um petisco na mão, atraia o cão para a cesta, depois ofereça o petisco. Ele largará o brinquedo na cesta. Quando ele fizer isso, dê o comando "Recolhe!".

◀ TRÊS Pratique com um só brinquedo algumas vezes por dia, até que ele aprenda a recolher o seu favorito. Quando tiver aprendido bem, você pode aumentar o número de brinquedos, dando-lhe um petisco a cada dois brinquedos que ele colocar na cesta.

Pegue o Petisco

Este é um truque difícil de aprender. Vá com calma. Ensine-o por etapas, como será mostrado, tenha paciência e recompense-o por qualquer tentativa que mostre que o seu cão está se esforçando, mesmo que não seja bem-sucedido a princípio. Faça sessões curtas — não mais do que três ou quatro tentativas por vez. Pratique um jogo mais fácil com ele durante o intervalo entre as sessões, para que ele não fique frustrado caso esteja com dificuldade para jogar o "Pegue o petisco". Procure deixar uma certa distância entre você e o cão enquanto o ensina a não mexer o focinho. Os cães encaram qualquer pessoa (até quem ele ama) como uma ameaça caso ela chegue muito perto e se debruce sobre eles, e o seu cão precisa se concentrar no que você quer que ele faça.

▲ **UM** O seu cão precisa aprender a manter o focinho imóvel. Segure o focinho dele delicadamente, enquanto oferece um petisco com a outra mão, dizendo "Fica!". Se ele não ficar quieto, não conseguirá equilibrar o petisco. Depois que ele aprender este truque, você não precisará lhe segurar o focinho, pois ele saberá que tem de ficar quieto enquanto você equilibra o petisco.

▶ **DOIS** Quando o seu cão aprender a ficar com o focinho imóvel, recompense-o; depois, segurando gentilmente o focinho dele, equilibre um petisco pequeno sobre ele. (O cão da foto é um especialista neste truque e consegue equilibrar petiscos grandes, mas é melhor começar com os menores e mais leves.) Se o cão se mexer, diga "Fica!". Se ele sustentar o petisco por um instante que seja, não poupe elogios e recompense-o.

Travessuras e Gostosuras | Pegue o Petisco

▼ TRÊS Agora dê um passo para trás e faça um gesto rápido para cima. Quando o cão acompanhar o movimento da sua mão — e desequilibrar o petisco –, dê o comando "Pega!". O seu gesto acabará motivando-o a jogar o petisco para cima.

▼ QUATRO A recompensa enfim! É provável que você tenha de persistir enquanto ele simplesmente deixar que o petisco escorregue do focinho para a boca e ainda mais quando ele acompanhar o seu movimento e derrubar o petisco. Por fim, ele conseguirá — e este é um truque que arrancará risadas e aplausos quando for feito diante de uma grande plateia.

▲ UM Escolha uma cadeira adequada. Se o seu cão tiver permissão para subir nos móveis, não use o assento preferido dele. É você quem deve escolher a cadeira, não ele. Mostre-lhe a cadeira, depois dê o comando "Vem!" e em seguida "Sobe!".

Sobe!

Todos os cães ativos e em boa forma adoram saltar — e o verdadeiro desafio, na maioria dos casos, é fazê-lo *descer* dos móveis, não convidá-los para subir neles. Este jogo consiste em ensinar o seu cão a subir numa cadeira da sua escolha, não da dele, e quando você mandar, não quando ele quiser! Escolha uma cadeira estável e pratique numa superfície que não seja escorregadia; evite este jogo se o cão for idoso ou tiver artrite, ou se for muito jovem; não convém estimular filhotes a saltar demais, pois os seus ossos e músculos estão em desenvolvimento.

Travessuras e Gostosuras | Sobe!

SALTAR NOS BRAÇOS

Você pode ensinar a maioria dos cães a saltar nos seus braços (embora isso não seja aconselhável caso o seu cão seja de porte grande). Dê o comando "Fica!", depois vá para o outro lado do cômodo e dê os comandos "Vem!" e "Sobe!", dando uma palmada nos joelhos. Quando o seu cão aprender a brincadeira, elogie-o calorosamente.

◀ DOIS Elogie-o e recompense-o quando ele saltar, depois se afaste da cadeira, enquanto diz "Fica!". Você está tentando ensiná-lo que ele só deve saltar na cadeira ou para fora dela quando você der o comando.

▼ TRÊS Espere alguns segundos, depois dê o comando "Desce!". Deixe o jogo mais variado trocando de cadeira às vezes. Você pode até fingir que está decidindo na hora: "Humm, deixe-me ver...", e olhar para os lados, enquanto o cão aguarda ansioso para ver que cadeira você vai escolher.

Beijos e Abraços

Você provavelmente já teve um relacionamento tátil com o seu cachorro (a maioria dos donos já teve), e já sabe que ele beija e abraça você espontaneamente. Se ele já fez isso, é muito bom saber que você pode pedir um beijo para alguém que tem certeza de que ficará feliz em atender ao seu pedido! Isso também tem a vantagem de ser um jogo extremamente simples, pois é ensinado simplesmente reforçando-se o que o cão já faz. É mais fácil ensinar cães pequenos, pois você pode tentar fazê-los captar a ideia quando já estiver sentado no seu colo. Se você quiser beijos e abraços de um cão maior, sente-se ao lado dele antes de começar a brincadeira, para que os olhos de vocês estejam na mesma altura.

▶ **UM** Certifique-se de que o cão está sentado de modo estável no seu colo para que não perca o equilíbrio.

SEGURANÇA
Não faça esta brincadeira com cães que tenham problemas nas costas ou uma coluna longa, como o basset hound ou o dachshund.

Travessuras e Gostosuras | Beijos e Abraços

◀ DOIS Erga as patas dele do chão e coloque-as delicadamente nos seus ombros dizendo "Abraça!". Você também pode fazer um sinal com a mão que indique abraço: simplesmente cruze as mãos sobre o peito e bata nos ombros. Não poupe elogios quando ele se aproximar.

▶ TRÊS Quando o seu cão passar a língua pelo seu rosto, diga "Beijos" e faça muitos elogios. Quando parar de brincar, dê sempre o comando "Deita!" Se o seu cão se empolga facilmente, interrompa a brincadeira caso ele comece a ficar agitado, antes que os beijos se tornem mordidelas.

Converse Comigo

"Converse Comigo" é um jogo que vale a pena você ensinar ao seu cão, porque ele não só irá aprender a latir quando solicitado como também vai aprender a parar de latir. Um comportamento que geralmente se torna um hábito cansativo, quando o cão não é treinado, pode ser reprogramado, por meio de treinamento, para ser um truque útil de um extenso repertório. Não comece a ensinar este truque quando o cão já está latindo: isso só vai confundi-lo. Em vez disso, escolha um momento em que não haja outras distrações e ele possa focar a atenção exclusivamente em você.

◀ **UM** Pegue o brinquedo favorito do seu cão e segure-o um pouco fora do alcance dele. Chame-o até ter certeza de que a atenção dele está concentrada no brinquedo ou petisco, e dê o comando "Fala!". Ele logo ficará frustrado por não conseguir alcançar o brinquedo e começará a latir. Tão logo ele comece, elogie-o com entusiasmo. Dê o comando "Fala!" mostrando outros brinquedos ou um petisco. Tão logo ele latir, recompense-o.

DUETO

Muitos cães gostam de música; você talvez descubra que alguns começam naturalmente a uivar quando você põe para tocar o seu CD favorito. Se você tem um cachorro cantor, tente fazer um dueto com ele. Esse pode ser um bom número para vocês dois apresentarem a plateias variadas!

Travessuras e Gostosuras | Converse Comigo

◀ **DOIS** Tão logo o cão começar a latir ao seu comando, ensine-o a cochichar. Segure um petisco na mão, diga "Fala!" e, quando ele latir, diga num tom de voz baixo, "Shhhh, cochicha!". Você pode ter que fazer isso algumas vezes em voz baixa e ele provavelmente experimentará muitos tipos de latido. Quando ele conseguir dar um latido baixo e suave, elogie-o e lhe dê o petisco. Ele logo aprenderá a diferença entre "Fala!" e "Cochicha!".

▼ **TRÊS** Você também pode ensinar o seu cão a ficar quieto. Segure um petisco na frente dele, deixando que o veja, e quando ele latir diga, "Quieto!". Não olhe para ele. Quando ele parar de latir, não poupe elogios e recompense-o. "Fala!", "Cochicha!" e "Quieto!" são comandos muito fáceis de ensinar ao seu cão.

▲ UM Agache-se na frente do seu cão e estimule-o a ficar em pé nas patas de trás, oferecendo-lhe um petisco um pouco acima da cabeça dele. Use a mão esquerda, pois assim será mais fácil fazê-lo se mover no sentido horário. Mantenha a mão no ar com a palma para baixo.

▲ DOIS Mova o petisco em círculo, bem acima da cabeça do cão. Tenha cuidado para não segurar o petisco atrás da cabeça dele. Ele começará a se mover nas patas de trás para que o petisco entre na sua linha de visão. Quando ele começar a se mover, diga "Dança!", recompense-o e não poupe elogios.

▲ TRÊS Mantenha as sessões curtas e estimule-o com o petisco a se mover em círculos, até que ele dê alguns passos com as patas de trás. Dê o comando "Dança!" quando ele fizer isso. Estimule-o a completar um círculo nas patas de trás, depois recompense-o e faça elogios outra vez.

Travessuras e Gostosuras | Dança Canina

Dança Canina

Você já viu cães dançando com os donos em competições ou torneios de agility na televisão? Se viu, você provavelmente ficou maravilhado com a extraordinária coordenação motora que eles têm. Você e o seu cão podem nunca chegar ao nível de uma competição, mas cães de menor porte — especialmente as raças miniaturas e os terriers — muitas vezes demonstram uma aptidão natural para andar nas patas de trás, e às vezes parecem gostar de fazer elaborados volteios. Certifique-se de que o piso em que o cão está não é escorregadio ou polido, e que o seu cão tem espaço suficiente para fazer manobras enquanto pratica. Agora só falta sacar do bolso os petiscos, pôr a música para tocar e mostrar a sua ginga.

◀ QUATRO Agora você pode ensinar o seu cão a dar piruetas! Depois que ele der uma volta completa, estimule-o a continuar e só dê o petisco depois que ele der mais alguns passos. Sempre pare o jogo antes de ele se cansar ou se frustrar.

SEGURANÇA Como você deve saber, dançar não é a brincadeira ideal para cães de coluna longa. Raças pequenas normalmente aprendem mais fácil; se quer ensinar um cão maior a dançar, é melhor contratar um adestrador especializado.

75

Toca Aqui!

A maioria dos cães adora este jogo, mas tenha em mente que alguns não conseguem se sentar nas patas de trás, por isso, se o seu cão não parecer muito disposto, não insista. Se você já o ensinou a dar a pata (*ver págs. 62-63*), ele está acostumado a usar uma pata. Neste jogo, ele usará as duas patas e você usará as duas mãos, mas o princípio é quase o mesmo. Se você notar que ele logo captou a ideia, mas agita as patas no ar freneticamente, tente fazer movimentos mais lentos com as mãos e baixar o tom de voz. Espere até que ele aprenda a fazer os movimentos alegremente antes de tentar o "Toca Aqui!" de pé, pois você não vai querer sobrecarregá-lo.

SEGURANÇA

Não faça esta brincadeira com cães muito jovens nem muito idosos e com artrite, pois ela pode sobrecarregar as costas. Lembre-se de que alguns cães não conseguem se sentar sobre as patas de trás ou se sentem desconfortáveis nessa posição, por isso não insista caso o seu cão pareça relutante.

▶ UM Agache-se na frente do cão e segure as mãos no ar, com as palmas para baixo. Diga "Patas!", mantendo as mãos no nível da cabeça dele, para não forçá-lo a saltar.

Travessuras e Gostosuras | Toca Aqui!

▼ DOIS Repita a sequência, elevando as mãos um pouco mais a cada vez e estimulando-o a levantar as patas até as suas mãos. Acrescente o comando "Toca aqui!". Não insista se ele não conseguir manter o equilíbrio; para cães maiores isso é mais difícil.

▶ TRÊS Tão logo uma das patas fizer contato com a palma da sua mão, recompense-o e não poupe elogios. Logo você poderá substituir o comando "Patas!" pelo "Toca aqui!". Este jogo é bem cansativo para o cão, por isso faça sessões curtas e divertidas.

▼ **UM** Se o seu cão está acostumado a ser manipulado e "colocado" em certas posições, você pode incentivá-lo a jogar "Cão Tímido". Sente-se ao lado dele e peça para que ele se deite.

Cão Tímido

Este truque é diversão na certa; nenhum cão que já o tenha aprendido fica sem petisco. O jeito mais fácil de começar é esperar até que o cão assuma naturalmente a posição deitada, com o focinho entre as patas. Você pode ter que lhe dar um incentivo caso ele não costume fazer essa pose. Não importa a técnica que escolher, nunca o force a fazer essa ou qualquer outra pose. Para cultivar um bom relacionamento com o seu animalzinho, você precisa lançar mão da confiança natural que existe entre vocês para convencê-lo a fazer o que você quer. A coerção é sempre contraproducente: ele não só deixará de gostar de brincar e aprender como perderá a confiança que tem em você.

Travessuras e Gostosuras | Cão Tímido!

▶ DOIS Pegue uma das patas dele (você também pode dar o comando "Dá a pata!", *ver págs. 62-63*), agite-a e depois cruze-a delicadamente sobre a outra.

▶ TRÊS Coloque as mãos suavemente atrás das orelhas dele e posicione a cabeça entre as patas. Não o force; se ele ficar tenso ao ser manipulado desse jeito, você terá que esperar até que a posição do Cão Tímido aconteça naturalmente.

◀ QUATRO Ajoelho-se na frente dele, dizendo "Cão Tímido!", enquanto o elogia e recompensa. Alguns cães são atores natos e lhe lançarão um olhar tímido enquanto mantêm a cabeça entre as patas. Não poupe elogios quando ele exibir seus talentos como ator.

79

Boa-Noite!

Este é outro truque que nada tem de fácil. Se o seu cão aprendê-lo, terá todo direito de ficar orgulhoso de si mesmo, pois ele se compõe de várias etapas diferentes. O cão precisará ter familiaridade e se sentir à vontade com o jogo "Fingindo-se de Morto" (ver págs. 58-59) antes de começar. Sempre que se trata de truques mais difíceis, mantenha as sessões curtas, divertidas e positivas, e experimente alguns jogos mais fáceis nos intervalos. Se o seu cão tiver um pano ou cobertor que ele goste de arrastar por aí, incorpore-o à brincadeira, pois ele já estará acostumado a puxá-lo com os dentes.

▲ UM Antes de começar pra valer, acostume o seu cão a ser coberto com um cobertor. Alguns cães não gostam de ser cobertos, por isso pode ser preciso tempo e paciência até que ele se sinta confortável. Depois dê o comando, "Morto!" e, quando ele se deitar de lado, cubra-o com o cobertor.

Travessuras e Gostosuras | Boa-Noite!

▲ **DOIS** Dizendo "Boa-noite!", ofereça a ele uma ponta do cobertor ou coloque-a gentilmente na boca do cão. Não desanime se ele ficar de pé. Apenas comece de novo. Faça algumas tentativas, porém, antes de passar para outra coisa. Quando ele finalmente puxar o cobertor com a boca, recompense-o e não poupe elogios.

▼ **TRÊS** Quando ele aprender a pegar o cobertor, você poderá dispensar o comando "Morto!" e dizer apenas "Boa-noite!"

81

Os Desafios do Agility

Um cão que parece voar quando brinca de bola e está sempre buscando instruções com avidez, é provavelmente um atleta natural de agility. Este capítulo apresenta todas as diferentes atividades do circuito de agility profissional (uma forma de competição para cães em que se testam a condição física do animal e a habilidade do condutor) e mostra como adaptá-lo para o quintal de casa. Se o seu cão tem talento para isso, você pode começar a cronometrar as atividades e matriculá-lo num curso. Até cães que não demonstram tanto interesse pelo circuito inteiro podem se divertir com algumas atividades – se necessário, você pode adaptar o curso especialmente para ele.

Como Montar um Percurso de Agility no seu Quintal

Muitos cães adoram jogos vigorosos, com muitos saltos. Caso o seu cão mostre essa propensão e já tenha demonstrado capacidade para vencer desafios, você pode montar para ele o seu próprio circuito de agility, no qual ele possa praticar. Caso não esteja interessado em competir profissionalmente, pague algumas aulas avulsas de agility numa academia da sua região. Isso o ajudará a entender o uso adequado do equipamento e as questões de segurança. O novo equipamento pode ser caro, por isso verifique nos sites de troca ou de artigos usados da Internet. Se decidir improvisar, vale a pena pedir um conselho do instrutor de agility, para ter certeza de que o seu centro de agility doméstico será seguro e divertido para o seu cão.

▲ ACIMA Os saltos são um dos principais truques do agility. Você pode comprar equipamentos profissionais ou improvisar e construí-los você mesmo. Só tome cuidado para não deixá-los altos demais para o seu cão (evite pulos que ultrapassem a altura dos ombros dele).

SEGURANÇA Se você está montando um percurso de agility no seu quintal, deixe um espaço razoável entre os obstáculos. Os saltos, principalmente, precisam de espaço para a preparação e a finalização — pelo menos cinco passos antes do obstáculo e quatro depois.

Os Desafios do Agility | Percurso no Quintal

◀ ESQUERDA Alinhe cones ou outros obstáculos num circuito, para que o cão percorra o *slalom* em zigue-zague. Você pode tornar esta prova ainda mais desafiadora ensinando-o a driblar uma bola entre os obstáculos.

▶ DIREITA Uma mesa de pausa profissional tem 90 cm. Ela fica sobre uma plataforma, ajustada para a altura do cão. Nas competições, o cão tem que fazer uma pausa de cinco segundos sobre a mesa, antes de seguir para o obstáculo seguinte. A mesa deve ser firme e ter uma superfície antiderrapante.

▼ ABAIXO O túnel profissional mede de 3,5 a 4,5 m de comprimento. A entrada e a saída são feitas de material rígido, para que não fechem quando o cão estiver atravessando o túnel. Um túnel de brinquedo para crianças pode ser apropriado para cães novatos.

85

▶ UM O seu cão logo começará a saltar, mas primeiro você tem que lhe mostrar o que fazer. Coloque a guia e faça-o saltar devagar. Ao mesmo tempo, diga "Pula!". Não poupe elogios e estímulo. Talvez você mesmo tenha que saltar das primeiras vezes, caso ele hesite.

Salto Inicial

Estas fotos farão você reconsiderar qualquer preconceito que possa ter com relação às raças que preferem o agility. O cãozinho da raça papillon mostrado aqui não pesa nem dois quilos, mas consegue completar um circuito inteiro de agility com equipamento apropriado para o seu tamanho. Mas nem todos os cães são saltadores naturais, por isso vá devagar e comece sempre pelos saltos mais baixos; se o seu cão se assustar até com os saltos recomendados na altura do ombro, treine saltos mais baixos ainda, de apenas alguns centímetros. Você quer que o seu cão se sinta confiante depois de saltar pela primeira vez, não importa a altura do salto; quando ele estiver saltando alegremente, você pode ir aumentando aos poucos a altura do salto.

ANTES DE MAIS NADA

Meça a altura dos ombros do seu cão e divida o total por dois. Essa é a altura que deve estar a barra para saltos, quando você começar a ensinar o seu cão. Um cabo de vassoura entre duas caixas, baldes ou cones servirá.

Os Desafios do Agility | Salto Inicial

◀ **DOIS** Continue com os saltos até ele entender o jogo, depois salte junto com ele até perceber que ele está se divertindo. Agora pare logo antes do salto e deixe que ele salte sozinho. Vá parando cada vez antes, mas continue dando o comando "Pula!". Por fim, você poderá apenas apontar e dar o comando.

SEGURANÇA
Certifique-se de que a barra de altura possa ser derrubada facilmente e esteja na altura correta para o seu cão. Este jogo é ideal para espaços ao ar livre, mas, se você tem espaço suficiente dentro de casa, então pode ser uma boa opção para os dias de chuva; só evite superfícies escorregadias.

87

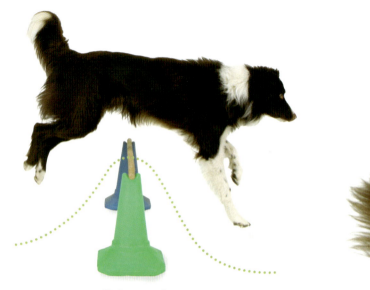

▲ **UM** Assim como você ajudou o seu cão nos primeiros saltos, ajude-o quando começar a acrescentar saltos extras, saltando sozinho primeiro. Depois salte com ele.

Obstáculos

Quando o seu cão já estiver familiarizado com os saltos baixos, você pode apresentar a ele as alegrias do salto com obstáculos. Os obstáculos devem ser acrescentados um a um: passe de um salto para dois, depois para três e assim por diante. A menos que você realmente tenha um espaço enorme dentro de casa (a sua própria academia?), você precisará montar os obstáculos ao ar livre para garantir que o seu cão tenha espaço suficiente para cada salto. Lembre-se dos números de ouro: cinco passos caninos antes do salto e mais quatro para ele "se recuperar" do salto. Sempre posicione os obstáculos em linha reta, pois você não vai querer que o seu cão tenha que se contorcer para se posicionar entre um salto e outro.

Os Desafios do Agility | Obstáculos

▼ DOIS Salte o segundo obstáculo junto com ele, depois experimente saltar dois obstáculos de uma vez. Quando o cão adquirir mais confiança, estimule-o a saltar sozinho, afaste-se e faça um sinal com a mão enquanto dá o comando "Pula!". Os treinadores de agility formais usam só o sinal com a mão e, querendo ou não desenvolver as suas habilidades, você pode treinar como esses profissionais.

SEGURANÇA
Não ensine este jogo ao seu cão caso ele tenha menos de 1 ano; as articulações dos cães jovens são vulneráveis e não devem ser sobrecarregadas.

89

◀ **UM** Segure o arco com firmeza no nível do chão ou a alguns centímetros de distância. Com a outra mão, ofereça um petisco ao seu cão e diga-lhe "Atravessa!".

Através do Arco

Dar saltos através do arco é uma progressão natural do salto com obstáculos. O seu cão pode hesitar um pouco mais antes de saltar, pois ele ainda não está familiarizado com a ideia de saltar através de um espaço "fechado" — mesmo que se trate de uma barreira tão insubstancial quanto um arco. Quanto mais baixo e firme você segurar o arco, mais rápido o seu cão adquirirá confiança e mais facilidade ele terá para saltar. Se ele continuar parecendo inseguro, passe o arco através do seu próprio tronco para estimulá-lo.

SEGURANÇA
Nunca peça para o seu cão saltar mais alto do que o nível dos ombros; você corre o risco de forçar demais as articulações e os músculos dele.

▲ **DOIS** Repita o primeiro passo, levantando um pouco mais o arco, alguns centímetros por vez. Diga "Atravessa!" cada vez que o cão saltar para atravessar o arco e pegar o petisco.

▲ **TRÊS** Quando o cão parecer satisfeito em atravessar o arco, eleve-o só — eu disse só — até o nível que ele terá que saltar. Depois jogue um petisco através do arco e diga "Atravessa!". Ele provavelmente não pensará para saltar. Se necessário, bloqueie os lados do arco, para que ele não possa contorná-lo!

▶ **QUATRO** Depois que o seu cão já for quase um especialista em saltos através do arco, você pode pensar em adquirir um equipamento profissional de agility, como o pneu.

▲ UM Fique em pé na frente do cão com um petisco na sua mão fechada. Ele tentará pegar o petisco, mas ao descobrir que não pode ele retrocederá.

Para Trás e em Círculos

Você pode ensinar "Para trás e em círculos" ao seu cão como dois jogos separados — andar de marcha à ré e andar em círculos — ou combinados, de modo que ele aprenda a andar de marcha à ré em círculos. Primeiro você precisa seguir a orientação acima para ensiná-lo a andar de marcha à ré, depois seguir as instruções à direita para ensiná-lo a andar em círculos. O jeito mais fácil de combinar os dois jogos é fazê-lo contornar os obstáculos primeiro e depois mandá-lo fazer isso em marcha à ré, enquanto você o acompanha nesse movimento.

Os Desafios do Agility | Para Trás e em Círculos

▲ DOIS Enquanto o cão dá marcha à ré, faça um clique e use o comando "Para trás!". Faça elogios e recompense-o com o petisco que você tem na mão.

▲ TRÊS Logo o seu cão vai aprender a andar para trás sob o seu comando e, com o tempo, você pode aumentar a distância entre você e ele.

◀ UM Para que o cão ande em círculos, coloque um obstáculo ao lado dele e incentive-o, com um petisco, a andar em torno do obstáculo enquanto dá o comando "Em volta!". Recompense-o com o petisco quando ele tiver acabado de circular o obstáculo.

▶ DOIS Você provavelmente terá que praticar esse movimento por um tempo antes que o seu cão se convença a fazê-lo sem o petisco. Mas depois que conseguir, você pode combinar os dois movimentos e circular obstáculos para a frente e depois para trás.

93

▶ **UM** Comece com um túnel curto e certifique-se de que o seu cão pode ver você através dele. Mande-o sentar-se de um lado do túnel, enquanto você se ajoelha do outro, para que ele possa vê-lo. Incentive-o a atravessar o túnel.

Através do Túnel

Comece este jogo com um túnel curto. Se estiver improvisando, você pode usar uma caixa de papelão aberta dos dois lados, mas assegure-se de que ela seja estável e não se mova nem desmonte quando o cão atravessá-la. Se ele mostrar talento para este jogo e se divertir, invista num túnel mais apropriado. A dificuldade mais comum, ao ensinar um cão a atravessar o túnel, é evitar que ele volte quando está no meio do caminho. Você pode evitar que isso aconteça ficando na saída do túnel e chamando-o, para que ele siga a sua voz caso se sinta inseguro.

◀ **DOIS** Quando ele acabar de atravessar o túnel, elogie-o e lhe dê um petisco. Não deixe petiscos dentro do túnel, nem mesmo no início; isso só servirá para fazê-lo parar no meio do caminho para fazer um lanchinho.

Os Desafios do Agility | Através do Túnel

▼ **TRÊS** Tão logo ele se mostrar confiante na travessia dos túneis curtos, acrescente mais uma seção (só um pedaço pequeno por vez). Corra através dele com o cão, dizendo "Túnel!". Quando ele começar a correr alegremente pelo túnel todo, acrescente uma curva no meio para tornar o jogo mais difícil.

▲ UM Comece colocando não mais do que quatro obstáculos em linha reta. Deixe entre eles um espaço ligeiramente menor do que o corpo do cão.

Slalom

Este exercício, chamado no agility de *slalom*, é o primeiro dentre vários jogos de zigue-zague, por isso assegure-se de que o seu cão aprendeu os princípios básicos corretamente. Embora você comece com apenas dois ou quatro (use sempre pares de obstáculos), pode rapidamente ir aumentando esse número e fazer também o percurso inverso com o seu cão. Os obstáculos não precisam ser cones. Podem ser tubos de PVC ou cabos de vassoura. E o seu cão precisa ter visão de todo o circuito e da posição dele dentro do percurso. Com a prática, ele pegará o ritmo; a meta final é fazer com que você e ele façam o percurso num trote rápido.

▲ DOIS Com o cão do seu lado direito, faça uma leve curva para a esquerda e atraia-o com um petisco para que ele entre no meio dos dois primeiros obstáculos (com o primeiro obstáculo sempre à esquerda do cão).

Os Desafios do Agility | Slalom

TENHA PACIÊNCIA

O slalom é o mastro principal de todos os percursos de agility, por isso vale a pena investir nele. Tenha paciência e tranquilidade e não espere que o seu cão aprenda tudo de uma só vez. Se você persistir, a certa altura o seu cão conseguirá aprendê-lo e começará a correr entre os obstáculos. Mas isso ocorre naturalmente; não pode ser forçado.

▼ TRÊS Conduza-o de volta para a direita, de modo que vocês dois passem entre o segundo o terceiro e quarto obstáculo. Depois voltem para a esquerda, passando entre o terceiro e o quarto. Quando chegar ao final do percurso, não poupe elogios e recompense-o com um petisco.

Drible Perfeito

Este jogo é uma combinação de slalom comum com futebol canino. Antes de tentar ensinar o seu cão a tocar uma bola pelo chão, certifique-se de que ele conhece o comando "Trança!". Tentar ensinar o slalom e o futebol ao mesmo tempo sobrecarrega até o cachorro mais inteligente. Como este é um dos jogos mais difíceis que você pode ensinar a ele, vá devagar e faça sessões curtas no início, para que ele não fique aborrecido ou frustrado antes de desenvolver as habilidades básicas.

▲ **UM** Coloque um petisco embaixo da bola. O cão tocará a bola para pegá-lo. Ao mesmo tempo, diga "Toca!". Repita isso algumas vezes, depois comece a recompensar o cão a cada duas tentativas. Tenha paciência caso ele não empurre a bola imediatamente. Pare um minuto e depois recomece.

A BOLA CERTA

Escolha uma bola cheia o bastante para que o cão não consiga pegá-la com a boca. Ela também precisa ser forte para que ele não possa danificá-la com os dentes! Uma bola de basquete ou de futebol é uma boa opção.

Os Desafios do Agility | Drible Perfeito

▼ **DOIS** Quando o seu cão aprender a tocar a bola, monte um circuito de cones. Comece o jogo com o ombro esquerdo mais próximo do primeiro obstáculo. Diga ao cão "Toca!" e leve-o a contornar os obstáculos, com os comandos "Toca!" e "Trança!".

▼ **TRÊS** Você provavelmente terá que acompanhar o cão através dos obstáculos muitas vezes antes que ele consiga fazer isso sozinho. Sempre que ele chegar ao final do percurso, recompense-o e elogie-o.

◀ UM Assegure-se de que a mesa seja de uma altura que o cão possa alcançar facilmente e que tenha uma superfície antiderrapante. Coloque o petisco no centro da mesa para convencê-lo a subir e dê o comando "Mesa!"

Com as Patas na Mesa

Ensinar um cão a ficar sobre uma mesa até receber um comando oral ou manual para descer é uma das principais provas das competições de agility. Mesmo que você não tenha intenção de participar de competições, este é um bom truque para ensinar ao seu cão, porque estimula a obediência e a concentração. Ele pode achar difícil a princípio: a maioria dos cães está mais acostumada a receber ordens para descer dos móveis, não para subir! Mas se você persistir ele acabará aprendendo. Este também pode ser um bom exercício para acalmar cães agitados; a espera lhe dá um "intervalo" para recuperar o controle.

Os Desafios do Agility | Com as Patas na Mesa

◀ DOIS O seu cão precisa ficar sobre a mesa até que você lhe diga para descer. Use o comando "Fica!". Não espere que ele fique por muito tempo da primeira vez; alguns segundos já são suficientes.

AQUECIMENTO

Se você pensa em competir em provas de agility, faça um aquecimento com o seu cão, perseguindo-o pelo quintal antes de praticar a pausa sobre a mesa. Você aumentará a concentração dele e a sua chance de sucesso.

▼ TRÊS Quando você der o comando "Desce!", o cão pode saltar da mesa. Aos poucos vá aumentando o tempo que ele deve ficar sobre a mesa, até que ele consiga ficar cinco segundos.

101

▶ **UM** Comece o jogo dizendo com firmeza "Já!" num tom de voz empolgado, depois comece a fazer o percurso ao lado do seu cão o mais rápido que puder. Embora ele já saiba o percurso, pode pular um ou dois estágios por pura empolgação e pressa para acompanhar você.

Corrida Contra o Relógio

Você e o seu cão devem estar em ótimas condições físicas, antes de correr contra o relógio num percurso de agility. Tenha com você um amigo e um cronômetro e aqueça-se primeiro com uma caminhada rápida. Depois dê mais uma volta trotando para verificar se o seu cão consegue ultrapassar todos os obstáculos. Por fim, inspire-o com um comando vigoroso e depois faça o circuito junto com ele outra vez. Cronometre tudo para conseguir uma melhor de três e depois pratique os aspectos do percurso mais difíceis para tentar melhorar o tempo de vocês. (Isso não se aplica a uma prova de Agility, quando o condutor e o cão só têm uma oportunidade para fazer o percurso sem faltas e no menor tempo possível.)

Os Desafios do Agility | Corrida Contra o Relógio

▲ **DOIS** Faça você primeiro todos os saltos, sem a companhia do cão; desse modo ele entenderá que não deve pular nenhuma etapa. Mantenha as sessões curtas a princípio; um ou dois percursos já são suficientes. Você não pode deixar que ele fique entediado com o exercício!

◀ **TRÊS** De início, talvez você tenha que pedir ao seu amigo para segurá-lo e soltá-lo apenas quando você estiver correndo à frente, para que ele o siga. (Lembre-se, nas provas de Agility não é permitido segurar o cão.) Dê sempre o mesmo comando, "Atenção, concentração, JÁ!", antes de correr contra o relógio e sempre recompense-o, mesmo quando não fizer o melhor tempo.

103

Agility em Grupo

▲ ACIMA No agility, a raça e o tamanho do cão não importam, desde que ele esteja em boa forma física e consiga concluir o percurso. Uma raça miniatura pode se divertir tanto quanto um border collie, por exemplo. E os cães aprendem com outros cães por meio do exemplo — mais rápido do que você conseguiria ensiná-lo.

Para passar de uma sessão de brincadeiras com o seu cão e alguns "amigos" dele para um circuito de agility no seu quintal não é preciso muito. Contanto que eles estejam todos em boa forma física (e que, de preferência, não sejam de tamanhos e raças muito diferentes, do contrário você terá que modificar os obstáculos entre uma rodada e outra), eles vão adorar a oportunidade de mostrar suas habilidades com outros cães à sua volta. Se você achar que a ideia de ter um bando de cães agitados no seu quintal é um pouco demais para você, reúnam-se numa academia de agility, onde as questões de segurança e de organização ficam a cargo de outras pessoas.

Os Desafios do Agility | Agility em Grupo

AGILITY EM GRUPO

Se vocês estão tendo aulas em grupo, não se esqueça de levar muitos petiscos e alguns dos brinquedos favoritos do seu cão. Se vocês vão ficar fora de casa por um tempo, leve água e comida. E não se esqueça de levar sacos vazios para recolher as necessidades dele se preciso.

▼ ABAIXO Não se preocupe se o seu cão ficar um pouco agitado. Para ele, fazer um percurso de agility com outros cães é como uma festa de arromba com muita diversão. Como tem de processar todas as novas experiências, ele pode esquecer algumas coisas. Tenha paciência e comece outra vez se ele ficar confuso.

Tornando-se Profissionais

E se você e a sua equipe de cães se tornarem tão bons que chegarem ao nível de uma competição? O agility profissional como esporte está crescendo num ritmo acelerado; nada mal para um esporte cujas primeiras provas aconteceram em 1978 em Londres, numa exposição de cães. Os cães podem começar a competir aos 18 meses de idade e continuar tendo aulas especiais para veteranos até os 13 anos. Se o seu treinamento de agility tem melhorado muito rapidamente, comece a treinar o seu ritmo e o do seu cão numa competição de agility da sua cidade e descubra como está o seu desempenho.

▲ ACIMA Se você quer ser campeão, junte-se o quanto antes a um clube de agility da sua cidade. Isso fará com que o seu cão se acostume a competições e multidões, e você ficará informado acerca de todas as provas da sua cidade.

Os Desafios do Agility | Tornando-se Profissionais

TÉCNICAS E TREINAMENTO

Se você está pensando em se profissionalizar, fique a par das últimas ideias e métodos de treinamento, pois eles mudam mais rápido do que você imagina!

▼ ABAIXO Border collies, kelpies e pastores-alemães tendem a superar a maioria das outras raças nas provas de cães de grande porte. Essas raças têm a compleição e o temperamento certos para o agility. Nas categorias de cães de pequeno porte, os pastores de Shetland, os poodles e algumas raças de terrier geralmente se destacam.

107

Exercite-se com o seu Cão

Se você gosta de se manter em forma, este capítulo vai lhe oferecer muitas ideias para você se exercitar com o seu cão. Se você adora caminhar em meio à natureza, correr, andar de bicicleta ou participar de jogos de equipe, sempre existe a possibilidade de ter a companhia do seu cão. Com treinamento e incentivo suficientes, você pode até ensinar o seu cão a jogar basquete ou futebol canino. É verdade que os jogos não podem ter regras tão rigorosas quanto os dos seres humanos, mas vocês dois poderão se divertir muito juntos.

Caminhando Juntos

A ideia de fazer caminhadas descontraídas em meio à natureza na companhia do seu animal de estimação pode ser um dos principais motivos que o levaram a ter um cachorro. E não importa quantas brincadeiras você faça com ele, é bem provável que passem a maior parte do tempo juntos caminhando. Fique atento à forma física dele: se for idoso, doente, obeso ou tiver problemas respiratórios, prefira caminhadas vagarosas em terrenos planos. Até mesmo um passeio a pé pode fazer maravilhas pelas condições físicas — tanto as suas quanto as dele — e ter a companhia de um cão pode motivá-lo a passear ao ar livre independentemente do clima e da falta de tempo, que de outro modo seria uma justificativa para você não sair.

▶ DIREITA Mantenha o seu cão na coleira se estiverem num parque ou espaço público. Alternar a caminhada com a corrida é um ótimo exercício para vocês dois.

Exercite-se com o seu Cão | Caminhando Juntos

▶ DIREITA Visitem lugares diferentes, façam trajetos variados a pé e experimentem vários jogos ao longo do percurso. A caminhada é, de longe, a melhor maneira de estreitar os laços com o seu cão, porque possibilita que ele exiba todos os seus comportamentos naturais.

SEGURANÇA

O seu cão deve usar uma coleira com plaquinha de identificação que contenha o nome e o endereço do cachorro de um lado e informação de que ele tem microchip do outro (para deter ladrões). Implante um microchip no seu cão: método eletrônico que informa instantaneamente a localização do cão caso ele esteja perdido ou perca a coleira com a identificação.

◀ ESQUERDA Para caminhadas longas, use botas próprias para caminhadas. Tênis e galochas não resistem a escaladas em terrenos acidentados. Mantenha o cão na coleira, pois você nunca sabe quando encontrará uma manada de bois ou outras situações arriscadas para cães.

Corrida e Ciclismo

A corrida e o ciclismo são duas ótimas maneiras de proporcionar ao seu cão exercícios mais vigorosos do que a caminhada suave de rotina. Um cão jovem e em boa forma física conseguirá acompanhar você — e provavelmente superá-lo — em qualquer circuito de corrida, e muitos cães também gostam de correr ao lado de uma bicicleta. Você precisará praticar um pouco para avançar no mesmo ritmo que o seu cão, principalmente se ele estiver correndo preso à guia e você estiver pedalando; você não quer forçar o seu cão a acompanhar um ritmo superior ao que ele consegue, nem deixar que ele o force a acompanhá-lo num ritmo muito rápido para você. Quando vocês conseguirem chegar ao ritmo certo, a atividade fará bem para vocês dois e o seu cachorro começará a mostrar empolgação cada vez que o vir pegar o equipamento esportivo.

▼ ABAIXO Use o bom-senso. A não ser que esteja em regiões muito afastadas, mantenha o cão sempre na guia e comece aos poucos o programa de corrida ou ciclismo.

Exercite-se com o seu Cão | Corrida e Ciclismo

SEGURANÇA

Evite a hora mais quente do dia; exercite-se de manhã cedo ou à noite. Você talvez aguente bem o tempo quente, mas nem mesmo cães em boa forma física aguentam; eles não podem suar ou compensar altas temperaturas. Tenha sempre água fresca disponível para o seu cão ao longo do caminho. Tome mais cuidado ainda com o seu cão em temperaturas extremas, tanto no frio quanto no calor — o pavimento quente pode queimar as patas dele; o gelo e o sal derretido também podem irritar as patas. Preste muita atenção na quantidade de comida que você dá a ele — não o leve para fazer exercícios vigorosos depois de uma farta refeição. Espere pelo menos duas horas depois das refeições. Não force um filhote ou cão jovem a correr muito rápido; isso pode prejudicar o desenvolvimento das articulações. Se você não tem certeza se o cão está em condições de acompanhá-lo nas corridas, faça primeiro uma consulta ao veterinário.

◀ ESQUERDA Se você anda de bicicleta com o seu cão na coleira, correndo ao seu lado, pense em acoplar a ela um *springer*, um extensor do seu braço que amortece os puxões do cachorro e evita que ele o faça cair da bicicleta.

113

Caminhadas em Meio à Natureza e Acampamentos

Não deixe o seu cão em casa se você costuma fazer caminhadas ou acampar em meio à natureza. Algumas reservas e acampamentos permitem a entrada de cães e o seu adorará quebrar a rotina e ter a chance de fazer tanto exercício quanto você. Lembre-se de levar comida suficiente para a excursão; se você for para algum lugar afastado, não terá onde comprar mais ração. Pense também onde o seu cão vai dormir. Ele provavelmente ficará mais confortável se puder dormir embaixo de uma coberta, dentro da caixa de transporte, no canto da sua barraca. Você não vai querer sair à noite para procurá-lo, num terreno desconhecido e em meio a um completo breu.

▶ DIREITA Vocês dois vão apreciar mais o passeio se passarem antes por um treinamento. Um passeio em torno do quarteirão não é o mesmo que fazer uma trilha nas montanhas, por isso certifique-se de que vocês dois têm condições físicas para enfrentar uma longa caminhada.

▼ ABAIXO Uma excursão a pé pode ser uma boa forma de lazer e também um bom exercício. A maioria dos cães adora passear ao ar livre na companhia do dono, longe da rotina.

▲ ACIMA Um cão em boa forma, sem problemas de coluna, pode carregar até 30% do seu peso corporal. A mochila para cães é perfeita para caminhadas. Treine seu cão, deixando que ele carregue a mochila cheia pela casa e se acostume ao seu novo volume.

REGRAS LOCAIS

Verifique com as autoridades locais as leis e regulamentos que se aplicam à região que você quer visitar. O seu cão talvez só possa ser admitido na guia. Há lugares em que só os cães de grande porte precisam andar com guia.

SEGURANÇA

Certifique-se de que o seu cão está usando a etiqueta identificadora ou um microchip, para o caso de vocês se separarem Sempre recolha as fezes dele. Se você ficar numa parte do acampamento que aceita animais, isso mostra que você tem consideração pelos outros campistas. Não se esqueça de levar pomadas com antibiótico e um kit de primeiros socorros para o caso de acidentes, além de proteger o seu cão com produtos contra pragas, como pulgas e carrapatos.

▼ **UM** Deixe o cão ver você jogar "frisbee humano" primeiro, depois mostre a ele o frisbee e faça alguns movimentos suaves de arremesso até que ele mostre vontade de pegá-lo.

Frisbee Divertido

Talvez o seu cão já adore jogos de buscar objetos, mas o frisbee requer um outro tipo de habilidade que talvez ele ainda não tenha. Antes de vocês começarem a brincar, atire ou role o frisbee pelo chão, dando o comando "Pega!". Nunca arremesse o frisbee diretamente no cão, mas sim na diagonal e paralelo ao chão. Depois que o cão aprender a pegar o frisbee no chão e devolvê-lo, tente atirá-lo no ar. Ajoelhe-se e lance o frisbee para o cão. Se ele não conseguir pegar, vá buscá-lo. Não dê o frisbee ao cão enquanto ele não conseguir pegá-lo no ar, do contrário ele passará a vê-lo como um brinquedo passivo e não como uma forma de exercício.

▼ **DOIS** Comece o jogo com pelo menos duas pessoas e um cachorro! Arremesse o frisbee delicadamente para a outra pessoa. O seu cão logo correrá entre vocês para interceptá-lo. Depois você pode fazer alguns arremessos exclusivamente para ele.

Exercite-se com o seu Cão | Frisbee Divertido

▶ **TRÊS** Depois que o cão pegar o frisbee, diga a ele "Larga!". Quando ele entender que, assim como acontece com a bola, toda vez que ele soltar o frisbee, o brinquedo é arremessado de novo, ele obedecerá.

SEGURANÇA
Prefira um frisbee de tecido, em vez de plástico; eles são fáceis de encontrar e não machucam a boca do cachorro. Não arremesse o frisbee muito alto ou com muita força, caso o cão seja idoso ou muito jovem; você pode deixá-lo extenuado com saltos ou giros excessivos. Você pode jogar com cães jovens ou idosos, mas o jogo precisa ter um ritmo mais ameno.

▲ ACIMA Use uma corda própria para cabo de guerra, com nós nas extremidades. Este é o mais simples de todos os jogos. Pegue a corda, deixe que o cão agarre um lado, depois puxe o outro lado. Com certeza você vai se cansar mais rápido do que ele!

▶ DIREITA Os cães costumam brincar naturalmente de cabo de guerra uns com os outros. Esse é um jogo que provoca muitos rosnados e latidos de brincadeira. Só fique atento para evitar que um dos cães fique muito possessivo com relação ao brinquedo, e deixe-os se divertir.

Cabo de Guerra

Os cães brincam de "Cabo de Guerra" naturalmente: se você segurar a extremidade de qualquer coisa que seja, uma corda por exemplo, até um filhote muito novinho vai instintivamente se agarrar à outra extremidade e começar a puxar. Os treinadores costumam recomendar que os donos não brinquem de Cabo de Guerra com os cães; eles acham que esse jogo reforça o instinto de possessividade natural do cão e estimula a agressividade. Esse ponto de vista é agora considerado ultrapassado; contanto que o cão solte a corda quando solicitado, o Cabo de Guerra é uma atividade segura e agradável para o seu cão. Só evite que ele fique muito focado na brincadeira. Os sinais de que isso está acontecendo são facilmente reconhecidos. Ele estica e abaixa o corpo, fixando o olhar no oponente, como se estivesse "congelado" nessa posição. Se isso acontecer, interrompa o jogo.

SEGURANÇA

Se o seu cão ficar obcecado com a determinação de puxar a corda, interrompa o jogo e guarde a corda, para lhe dar uma chance de se acalmar. Este jogo não é recomendado para filhotinhos que estão perdendo os dentes de leite; é melhor que os dentes caiam naturalmente.

Voleibol Canino

Um cão que já tenha aprendido a empurrar uma bola em zigue-zague no slalom é capaz de jogá-la de volta para você com o focinho. Este é um jogo difícil para qualquer cachorro, por isso tenha paciência e, como sempre, faça com que as sessões de treinamento sejam breves e divertidas. Você terá uma chance maior de sucesso caso já tenha notado que o seu cão muitas vezes tenta participar dos jogos de bola humanos; ele fica olhando para você e tentando adivinhar o que está fazendo. A parte mais difícil para o cão aprender é "lançar" a bola com o focinho, pois o seu impulso natural é pegá-la com a boca. Para ensinar voleibol ao seu cachorro, você precisará de uma rede (uma rede de tênis ou badminton infantil serve) e uma bola macia. A bola não deve ser muito grande, nem muito pequena que o impeça de segui-la com facilidade; uma bola um pouco maior que uma bola de tênis é o ideal.

▲ UM Antes de começar, o seu cão precisa conhecer o comando "Toca!" (ver págs. 98-99). Posicione-o atrás de uma rede baixa; de início, ela não deve estar acima da altura do pescoço do cão. Arremesse uma bola pequena e macia suavemente, um pouco acima da cabeça dele, e lhe dê o comando "Toca!".

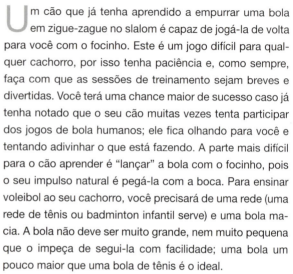

▶ DOIS O seu cão precisará de tempo para entender como lançar a bola com o focinho, mas ele acabará entendendo. Não existe um modo mais simples de aprender este jogo. Ele vai descobrir sozinho que precisa devolver a bola com o focinho, em vez de agarrá-la com a boca. Não se preocupe se ele está lançando ou não a bola por cima da rede. Nos primeiros estágios de aprendizagem, basta que ele aprenda a "lançar" a bola com o focinho. Cada vez que conseguir, faça elogios e recompense-o com um petisco.

◀ TRÊS Repita pacientemente o comando "Toca!" quando arremessar a bola. Depois que ele aprender a devolvê-la com o focinho, você pode incentivá-lo a lançá-la na sua direção, por cima da rede.

▶ **UM** Delimite o seu campo de beisebol no parque e forme dois times. O cão deve ser sempre um dos interceptadores. No time dele devem jogar algumas pessoas também (se possível), para que ele não fique muito cansado e tenha quem o ajude caso ele esqueça o que fazer no calor do momento.

Beisebol Canino

O que talvez falte neste jogo em termos de habilidades e regras formais, sobra-lhe em barulho e diversão. Talvez você descubra que é impossível forçar o seu cão a seguir as regras quando o jogo esquenta e ele começa a se empolgar cada vez mais, mas trata-se de uma oportunidade inestimável para que ele faça parte de um time. Vocês podem jogar com quantos jogadores quiserem — no mínimo dois, um lançador e um batedor — além do cão, que pode ser de qualquer raça ou tamanho. O seu cão é sempre um dos interceptadores, claro. Se ele se cansar demais para pegar a bola, mantenha um jogador correndo ao lado dele.

IMPROVISE

Neste jogo, os times geralmente têm quatro jogadores. Se você não tem jogadores suficientes, pode tentar jogar no quintal de casa, em vez de no parque, apenas com um lançador, um batedor e o seu cão como interceptador.

Exercite-se com o seu Cão | Beisebol Canino

SEGURANÇA

Use um bastão de plástico leve e uma bola macia neste jogo, nunca um equipamento de beisebol de verdade, pois é muito pesado e perigoso para o seu cão.

◀ DOIS Quando o batedor lançar a bola e correr para a primeira base, o interceptador da primeira base deve pedir ao cão para ir buscar a bola. Rápido! Se o cão for um bom velocista, o outro time pode ser eliminado mais rápido do que você pensa. Quando mais batedores entrarem no jogo, os interceptadores da outra base podem dar o comando "Busca!".

▲ TRÊS Abasteça todos os interceptadores com alguns petiscos, para que eles possam recompensar o cão quando ele lhes trouxer a bola. Quando ele devolver a bola ("Larga!"), deve ganhar um petisco e muitos elogios.

▶ **UM** Monte um "gol" com dois cones e fique de pé entre eles com as pernas afastadas. Chame o cão, mostre-lhe a bola e incite-o a empurrá-la pelo meio das suas pernas, dando o comando "Toca!".

Jogos de Futebol

Depois que o cão aprender o comando "Toca!" (*ver págs. 98-99*) e estiver tocando a bola com certa confiança, é hora de acrescentar algumas variações às suas habilidades recém-desenvolvidas. Quando jogar futebol com o seu cão, faça com que o jogo seja exclusivamente dele. Se você deixar outra pessoa jogar, o cão provavelmente vai querer entrar em qualquer jogo de futebol que encontrar pela frente e isso pode não agradar muito os outros frequentadores do parque. Em vez disso, escolha uma bola apropriada (a não ser que você tenha um cão muito grande e pesado, a maioria das bolas de futebol será pesada demais para ele) e tente estimulá-lo a fazer alguns gols.

Se, logo de início, o cão ficar muito empolgado, talvez seja melhor arremessar a bola algumas vezes para ele ir buscar, para que passe um pouco a agitação e ele consiga se concentrar.

A MELHOR BOLA

Você precisará de uma bola que não seja grande demais para o cão carregar e esteja totalmente cheia, para evitar que ele a morda. Ela também deve ser leve o suficiente para não machucar o focinho do nosso entusiasmado jogador canino!

▲ DOIS Não caia na tentação de deixar um petisco atrás dos seus pés. O cão irá simplesmente direto para o petisco e esquecerá a bola. Apenas persista, mantendo as sessões curtas, e elogie e recompense o cão cada vez que ele conseguir empurrar a bola adequadamente. Quando ele começar a entender o jogo, você pode ensiná-lo o comando extra "Chuta!".

◀ TRÊS Quando ele aprender a driblar você e fazer o gol, inverta as regras para tornar o jogo mais difícil. Incentive-o a se sentar entre os cones e empurrar a bola para trás enquanto você tenta driblá-lo e fazer o gol. Termine a sessão deixando-o perseguir a bola, para que o jogo acabe com muita diversão.

Índice

A

Acampamento *114-15*
Agility, jogos de
    Agility em grupo *104-5*
    Aquecimento *101*
    Através do arco *90-1*
    Através do túnel *94-5*
    Aulas *105*
    Com as patas na mesa *100-1*
    Competições profissionais *106-7*
    Corrida contra o relógio *102-3*
    Drible perfeito *98-9*
    Obstáculos *88-9*
    Para trás e em círculos *92-3*
    Percurso no quintal *84-5*
    Salto inicial *86-7*
    Slalom *96-7*
Alongando as costas *60-1*
Através do arco *90-1*
Através do túnel *94-5*

B

Beijos e abraços *70-1*
Beisebol canino *122-3*
Boa-noite! *80-1*
Bola, jogos de
    Beisebol canino *122-3*
    Drible perfeito *98-9*
    Jogos de futebol *124-5*
    Rola a bola *46-7*
    Voleibol canino *120-1*
Bolas *23, 98, 124*
Brinquedos
    Ensinando nomes de *26-7*
    Questões de segurança *19, 23*

Buscar objetos, jogos de
    Água, na *22*
    Cão mensageiro *28-9*
    Dá! *32-3*
    Devolvendo a quem
        arremessou *22-3*
    Encontra o brinquedo! *42-3*
    Frisbee divertido *116-17*
    Larga!, comando *24*
    Passeios *30-1*
    Vá buscar! *26-7*
    Vamos brincar de novo? *24-5*

C

Cabo de guerra *118-19*
Caixas de areia *38-9*
Caminhando juntos *110-11*
Caminhadas em meio à
    natureza *114-15*
Cão mensageiro *28-9*
Cão tímido *78-9*
Clickers *13*
Cochicha! *73*
Com as patas sobre a mesa *100-1*
Comandos básicos
    Deita! *17*
    Fica! *16-17*
    Senta! *16*
Converse comigo *72-3*
Correndo com cães *112-13*
Corrida contra o relógio *102-3*

D

Dá! *32-3*
Dança canina *74-5*

Dando a pata *62-3*
De barriga para cima *56-7*
Devolvendo a quem
    arremessou *22-3*
Drible perfeito *98-9*
Dueto *72*

E

Entrega expressa *36-7*
Escolha do jogo certo, a *14-15*
Esconde-esconde, jogos de
    Encontra o brinquedo! *42-3*
    Entrega expressa *36-7*
    Esconde-esconde *48-9*
    Farejando um rastro *50-1*
    Guincha, Porquinho! *40-1*
    Rastro de petisco *44-5*
    Rola a bola *46-7*
    Tesouro enterrado *38-9*
Exercite-se com o seu cão
    Acampamento *114-15*
    Beisebol canino *122-3*
    Bicicleta *112-13*
    Cabo de guerra *118-19*
    Caminhadas em meio à
        natureza *114-15*
    Caminhando juntos *110-11*
    Correndo *112-13*
    Frisbee divertido *116-17*
    Jogos de futebol *124-5*
    Voleibol canino *120-1*

F

Fala! *73*
Farejando um rastro *50-1*

Índice

Fica! *16-17*
Filhotes, questões de segurança *18, 113*
    ver também jogos individuais
Frio, tempo *113*
Futebol, jogos de *124-5*

G

Gravetos *23*
grávidas, cadelas *18*
Guincha, Porquinho! *40-1*

I

Identificação, etiquetas de *111, 115*
Idosos, questões de segurança
    com cães *19*
    ver também jogos individuais

J

Jovens, cães, questões de
    segurança *18, 113*
    ver também jogos individuais

L

Larga! *24*
Linguagem corporal *15*

M

Mesas de Pausa *85*
Microchips *111, 115*
Deita! *17*
Morto! *58-9*

O

Obstáculos *88-9*

P

Para trás e em círculos *92-3*
Passeios *30-1*
Pedalando com cães *112-13*
Pegue o petisco *66-7*
Petiscos *12*

Q

Quente, tempo *19, 113*
Quieto! *73*

R

Rastro de petisco *44-5*
Recolhendo a bagunça *64-7*
Recompensas *12*
Refeições e exercícios *19, 113*
Rola a bola *46-7*

S

Saltar nos braços *69*
Salto inicial *86-7*
Segurança, questões de *18-19*
    Bolas *23, 98, 124*
    Brinquedos *19, 23*
    Filhotes/cães jovens *18, 113*
    Frio, tempo *113*
    Grávidas, cadelas *18*
    Idosos, cães *19*
    Quente, tempo *19, 113*
    Refeições e exercícios *19, 113*
Saltar, jogos de *87, 89, 90*
    ver também jogos individuais
Senta! *16*

Slalom *96-7*

Slalom *96-7*
Sobe! *68-9*
Springer *113*

T

Tesouro enterrado *38-9*
Toca aqui! *76-7*
Tom de voz *15*
Trançando as pernas *52-3*
Truques
    Alongando as costas *60-1*
    Beijos e abraços *70-1*
    Boa-noite! *80-1*
    Cão tímido *78-9*
    Converse comigo *72-3*
    Dá a pata! *62-3*
    Dança canina *74-5*
    Dando tchau *63*
    De barriga para cima *56-7*
    Dueto *72*
    Fingindo-se de Morto *58-9*
    Pegue o petisco *66-7*
    Recolhendo a bagunça *64-5*
    Saltar nos braços *69*
    Sobe *68-9*
    Toca aqui! *76-7*
    Trançando as pernas *52-3*
Túneis *85*

V

Vá buscar! *26-7*
Vamos brincar de novo? *24-5*
Voleibol canino *120-1*
Voz, tom de *15*

Agradecimentos

Gostaríamos de agradecer a Nick Ridley pelas excelentes fotografias e a toda a equipe da Hearing Dogs for Deaf People (www.hearingdogs.org.uk) por ser tão solícita. Agradecemos especialmente a Jenny Moir e aos treinadores e proprietários, que ofereceram o seu tempo e assistência nas sessões de fotos, e a todos os cães, evidentemente, que não poderiam ter se comportado melhor nem ter sido colegas de trabalho mais encantadores.